El perfil de comunicaciones de los 7 Lenguajes de Vida ha sido una de las herramientas de enseñanza y entrenamiento más poderosos y eficaces que he tenido el placer de utilizar. Ya que la mayoría de nuestra conducta interactiva implica comunicarnos con otros, el conocimiento obtenido de aprender sobre nosotros mismos y sobre otros, mediante los Lenguajes de Vida, solamente puede destacar, sanar, fortalecer y mejorar nuestras relaciones personales y profesionales. Esta poderosa herramienta puede utilizarse en cualquier entorno. La sabiduría que se obtiene cuando los individuos aprenden cuál es su propio conjunto único de Lenguajes de Vida es reveladora, y ayuda automáticamente a crear una mayor apreciación de las diferentes perspectivas. Esta poderosa información ha sido una adición importante al programa de estudios en nuestro Programa de Gerencia y Administración de Empresas.

—*Linda Morable*, PhD
Profesora de gerencia, Richland College
Dallas, TX

He asistido a muchos seminarios sobre comunicación, crecimiento personal y construcción de equipos. El seminario sobre los 7 Lenguajes de Vida fue sobresaliente; ¡el mejor! Obtuve nuevas perspectivas de mí misma, mi familia, y otros miembros de mi equipo. Todo el personal disfrutó también del seminario. Nos reímos y aprendimos. Nos vimos el uno al otro bajo una luz diferente. Definimos fortalezas y metas de todo nuestro equipo. Y lo más importante, todos regresamos a nuestro lugar de trabajo y nuestras vidas personales con energía renovada y perspectivas nuevas sobre nuestras relaciones y sobre nosotros mismos.

—*Sandi Hammons*
Fundadora de American Institute of Intradermal Cosmetics, Inc.
Arlington, TX

Young Truck Sales comenzó a trabajar con Carolyn Santos en aprender los 7 Lenguajes de Vida con nuestro equipo ejecutivo de gerencia. Fue verdaderamente revelador saber cómo cada uno de nosotros se comunicaba de modo natural, y cómo esos estilos en realidad habían creado tensión y malentendidos entre los miembros de nuestro equipo de seis personas. Aprender y entender cómo se comunicaba cada uno de nosotros nos permitió no solo entender nuestras diferencias, sino también apreciarlas, comenzar a usar verdaderamente las fortalezas mutuas, y reconocer cuándo estábamos entrando en el hoyo de la mala comunicación, ¡y detenerlo! Más adelante llevamos el programa Lenguajes de Vida a todo el equipo de gerencia, y hemos disfrutado de resultados similares. Es un proceso transformador, y pronto estaremos dando los pasos siguientes en los Lenguajes de Vida para nuestro equipo ejecutivo. He descubierto que cerca del cien por ciento de los problemas que tenemos, ya sea internamente o con clientes, surgen de una mala comunicación. Aprender los 7 Lenguajes de Vida ha revelado el misterio y nos ha dado herramientas genuinas para entendernos a nosotros mismos, a nuestros equipos y a nuestros clientes, para así permitirnos reducir las crisis y el estrés que surgen de la mala comunicación.

—*Craig A. Young*
Presidente de Young Trucks
Canton, OH

He utilizado por varios años el Perfil Kendall de los Lenguajes de Vida en mi trabajo profesional en recursos humanos. Como muchos saben, en mi profesión las empresas exitosas son esas organizaciones donde la participación del empleado es alta. La comunicación eficaz es un impulsor clave de la participación del empleado. Cuando incorporamos empleados a nuestra organización, hacemos hincapié en que la buena comunicación es responsabilidad de todos los empleados; es uno de nuestros valores fundamentales. Todos los nuevos empleados toman el Perfil Kendall de los Lenguajes de Vida. Les proporciona perspectiva sobre sus propias preferencias de comunicación, y les da información para integrarse y trabajar eficazmente con los miembros de su equipo. También es una herramienta estupenda para entender y remediar el conflicto dentro de los grupos de trabajo. Además, cuando surge el asunto del desempeño del empleado, sirve como referencia para ayudar al gerente a entender cómo enfocar de modo eficaz estas conversaciones con el empleado. El Perfil Kendall de Lenguajes de Vida es un sistema que aborda todos los aspectos del ciclo de vida del empleado, y es el sistema de comunicación más eficaz y global que hay en el mercado actualmente.

—*Leslie Horwitz*, MBA, SHRM-SCP
Anterior líder de Global HR Programs
ECOM Agroindustrial Corp. Ltd.

Me agrada mucho recomendar el instrumento que es el Perfil Kendall de los Lenguajes de Vida. He descubierto que es una herramienta de evaluación muy precisa, al igual que una ayuda indispensable para la comunicación diaria y para crear consenso. He pasado más de veinte años en el negocio de la restauración. He trabajado como presidente de los restaurantes Wendy's en Canadá, como vicepresidente ejecutivo de Brice Foods, presidente de I Can't Believe It's Yogurt US Operations, y dueño/director de dieciocho restaurantes Wendy's Old Fashioned Hamburger. Durante todo el tiempo en esos puestos he tenido exposición a muchos instrumentos de perfiles de habilidades de gerencia, pero ninguno ha demostrado ser tan valioso como el instrumento Kendall de Lenguajes de Vida. Insto a toda empresa que esté buscando entender más plenamente las dinámicas entre empleados, departamentos y equipos de proyectos a que piensen seriamente en utilizar el Perfil Kendall.

—*Mark R. Liebel*
Vicepresidente, Business Development
Dippin Dots, Inc.

Las dos presentaciones que han realizado en nuestra empresa fueron excelentes. Me sorprende cuán precisos han sido los resultados de su Perfil. Estamos comenzando a entender las implicaciones cada vez mayores de un equipo de personal que entiende más sobre comunicación con otros empleados que operan desde motivaciones completamente distintas. Ha aumentado nuestra consciencia el uno del otro y nuestras maneras individuales de manejar las situaciones que enfrentamos al trabajar juntos. Es mi intención hacer que los más de cien empleados de esta empresa participen en el programa. La empresa trabaja actualmente para integrar su programa de Lenguajes de Vida en la programación y entrenamiento de nuestro trabajo diario.

—*Mitch Clark*
Fundador de TOMCAT Global, Inc.

Las relaciones saludables son claves para todo negocio y familia. Mi esposo Marcus y yo decidimos implementar el concepto de los Lenguajes de Vida hace siete años atrás, y descubrimos que es una herramienta de comunicación maravillosa, no solo corporativamente en Daystar Television Network, sino también dentro de nuestra propia familia. Fred y Anna Kendall son amigos queridos, y su sinceridad en desarrollar y empoderar a personas con una comunicación basada en el carácter, sobrepasa las tácticas comunes que se utilizan actualmente en el mundo empresarial. Sé que *Comunicación inteligente* será transformador, ¡y lo recomendamos encarecidamente!

—*Joni Lamb*
Cofundadora de Daystar Television Network

Quiero elogiar al Instituto de los Lenguajes de Vida por el desarrollo de un instrumento que es tan comprensible y preciso. El perfil de personalidad de los 7 Lenguajes de Vida es el más preciso y amigable que he visto con el usuario. El Perfil es tan claro y detallado que iluminará y dará perspectivas a todo aquel que esté dispuesto a utilizarlo. El Programa de Lenguajes de Vida ha influenciado mi propia vida más que cualquier otra cosa con la que he tenido contacto, aparte de la Biblia. ¡Es extraordinario! El seminario de entrenamiento al que asistí fue detallado y muy práctico. Los instructores fueron increíbles y genuinos. Gracias por desarrollar una herramienta/recurso estupenda. Podré utilizarla en mi vida personal y profesional.

—*Phyllis Fitzwater*
Capellán de Cuidado Crítico de Adultos
Orlando Regional Healthcare System, FL

He conocido a Fred y Anna Kendall por más de treinta años, tiempo durante el cual he tenido muchas oportunidades de leer sus libros y utilizar su Programa. Como exdirector de cuatro organizaciones multimillonarias y actual director de Union Gospel Mission de Sioux Falls, Dakota del Sur, me he apoyado en el programa de los 7 Lenguajes de Vida y la consultoría, asesoría e instrucción de los Kendall para construir un equipo ejecutivo exitoso en cada situación. Cada vez que los hemos contratado para realizar seminarios para nuestro equipo de personal, ellos han superado nuestras expectativas con creces. Gracias a su experiencia y sus excelentes habilidades de comunicación, mi equipo se ha unido más y es más productivo. Han aprendido a comunicarse más exitosamente unos con otros y a evitar las dificultades que obstaculizan el crecimiento en su espíritu de unidad. Cualquier organización que necesite y quiera más eficacia, producción y cooperación entre sus empleados debería aprovechar la experiencia de los Kendall y su disposición a ayudar. Ellos y su equipo son muy talentosos, expertos en el área de las comunicaciones interpersonales, y una bendición a todo aquel que busque mejorar su espíritu de cooperación.

—*Ron Gonzales*
CEO, Union Gospel Mission
Sioux Falls, SD

Quiero expresar personalmente cuán contentos estamos con el perfil de comunicación de los 7 Lenguajes de Vida presentado a los empleados uniformados y no uniformados. Durante demasiado tiempo, los problemas u obstáculos en la comunicación han pasado factura en los cuerpos de seguridad, negocios, individuos, familias, y situaciones interactivas. El programa de los 7 Lenguajes de Vida es el paso más positivo que cualquiera puede dar para mejorar su viejo problema de comunicación. Los Lenguajes de Vida fomentan una atmósfera que conduce a querer aprender cómo comunicarnos con más eficacia. Ya que necesitamos comunicarnos diariamente con los demás, no puedo recomendar un mejor programa dirigido al éxito personal del individuo, de otros, y de la organización.

—*Lt. Tim Rich*
Sheriff Department
Denton County, TX

Les aplaudo por el instrumento increíblemente preciso que han desarrollado. No solo es preciso, sino que incluyen junto con él la información más utilizable y comprensible que he visto en un perfil de personalidad. Los otros consejeros en nuestro consultorio sienten la misma confianza en el instrumento. Las personas con las que lo hemos utilizado han sido instruidas sobre por qué actúan del modo en que lo hacen, y han sido libres para ser ellos mismos. Las parejas con las que lo hemos utilizado (más de 150 y contando) han descubierto una nueva apreciación y comprensión el uno del otro, y también dicen que ha mejorado mucho su habilidad de comunicarse y lograr tareas juntos.

— *H. Leroy Arnold Jr.*, Ph. D.
Presidente de Keys to Life Ministries & Counseling Centers
Titusville, FL

Me agrada elogiarles por el impresionante esfuerzo que hicieron en las presentaciones tan eficaces de comunicación. Es claramente evidente que los patrones de comunicación de los más de 280 empleados que participaron en el programa están cambiando para mejor.

—*M. Jane Dailey*, MS, RN, CHE
Vicepresidenta, Nursing Services
Aroostook Medical Center
Presque Isle, ME

Como presidente y director general de una empresa de energía renovable que está creciendo rápidamente, el programa Lenguajes de Vida ha tenido un valor incalculable. La cultura en miEnergy es fundamental para que alcancemos nuestra visión, y la comunicación desempeña un papel vital en ese proceso. Mi experiencia con el coach Scott Epp ha sido empoderadora y transformadora. Scott me equipó primero para entender y compartir el material de los Lenguajes de Vida y después facilitó sesiones con nuestro equipo. Mediante esas sesiones, cada individuo creció no solo en entenderse a sí mismo, sino también en su apreciación de los demás. El ejercicio de los Lenguajes de Vida nos ha permitido sostener aún mejor nuestra visión mediante relaciones más profundas y una comunicación productiva. Esta herramienta puede no solo ayudar dentro de una cultura empresarial, sino también en cada relación personal en la vida. Ha sido una inversión positiva, y seguimos integrando a Scott y la herramienta de los Lenguajes de Vida en nuestra formación y desarrollo.

—*Kevin Bergeron*
Presidente y director general de miEnergy
Saskatoon, Saskatchewan, Canadá

Invitamos a presentar los Lenguajes de Vida a nuestro equipo de gerencia y ventas en Trinity Title of Texas. Perry Parsons fue el presentador y nos dio una perspectiva estupenda que fue beneficiosa para nuestro equipo colectivamente y también individualmente. El seminario fue sobresaliente en proporcionar al equipo aplicaciones personales que mejorarán sus interacciones los unos con los otros y en su esfera de influencia. Recomiendo encarecidamente esta empresa para cualquier grupo u organización que desee relacionarse mejor con los individuos y obtener resultados positivos para un mayor éxito.

—*Cheryl A. Finney*
Presidenta de División de DFW
Trinity Title of Texas

Property Damage Appraisers (PDA) es una empresa dinámica que está entrelazada con personas diversas que aportan todo un abanico de estilos de comunicación. Los Lenguajes de Vida han empoderado a PDA para abrazar y aceptar nuestras similitudes y diferencias, y para aprovechar esos rasgos para nuestro beneficio, en nuestro negocio al igual que en nuestras vidas personales. Nuestros respectivos perfiles de los Lenguajes de Vida, la formación continuada, y la inculturación de los principios de los Lenguajes de Vida han aumentado de modo drástico nuestra consciencia de cómo nos comunicamos en diversas situaciones, equipándonos con estrategias a emplear mientras nos comunicamos con otros. Los beneficios han sido, y siguen siendo, obvios y tangibles, y están siendo adoptados como iniciativa a nivel de empresa.

—*Tom Dolfay*
Presidente/CEO
Property Damage Appraisers, Inc.

COMUNICACIÓN
Inteligente

UNA MANERA PROBADA PARA **INFLUENCIAR**, **LIDERAR** Y **MOTIVAR** A LAS PERSONAS

FRED Y ANNA KENDALL

WHITAKER
HOUSE
Español

Comunicación inteligente
Una manera probada de influenciar, liderar y motivar a las personas

Life Languages International
2711 Valley View Lane, Suite 103
Dallas, TX 75234
www.lifelanguages.com

Traducido por:
Belmonte Traductores
Manuel de Falla, 2
28300 Aranjuez
Madrid, ESPAÑA
www.belmontetraductores.com

Editado por: Ofelia Pérez

ISBN: 978-1-64123-313-2
EBook ISBN: 978-1-64123-314-9
Impreso en los Estados Unidos de América
© 2019 by Fred and Anna Kendall

Whitaker House
1030 Hunt Valley Circle
New Kensington, PA 15068
www.whitakerhouse.com

Por favor envíe sugerencias sobre este libro a:
comentarios@whitakerhouse.com.

1 2 3 4 5 6 7 8 9 10 11 **UJ** 26 25 24 23 22 21 20 19

DEDICATORIA

Mi esposa Anna ha estado trabajando a mi lado durante los últimos treinta años a medida que hemos descubierto, desarrollado y refinado los 7 Lenguajes de Vida, así como nuestra herramienta de evaluación psicométrica, el Perfil Kendall de los Lenguajes de Vida (KLLP, por sus siglas en inglés). Anna ha sido mi socia incansable a la hora de escribir este libro. Ella está dotada de una profunda sabiduría, conocimiento y creatividad. Sus pensamientos e ideas se encuentran a lo largo del libro.

A ambos nos gustaría dedicar este libro a aquellos que nos han ayudado a hacerlo realidad: nuestros quinientos entrenadores certificados en todo el mundo, quienes han trabajado, alentado, probado y demostrado eficaz el sistema de comunicación de los 7 Lenguajes de Vida. Gracias por presentar los 7 Lenguajes de Vida por todo el mundo a los miles que han recibido nuestro concepto y han dado testimonio de vidas cambiadas y de las culturas corporativas fortalecidas que han producido.

—*Fred Kendall*

ÍNDICE

PRÓLOGO

Fred y Anna Kendall han pasado años estudiando, definiendo, probando y mejorando métodos para una comunicación exitosa. Tengo el honor de ser el Director de Operaciones de su creación, el Instituto Internacional de los Lenguajes de Vida.

Después de conocer a Fred y Anna tanto profesional como personalmente durante más de treinta años, ha sido emocionante y gratificante ver convertirse en una realidad su idea que continúa cambiando tantas vidas.

Durante los años de estudiante de Fred, sus estudios de psicología enfatizaban el liderazgo, tácticas y estrategia. Después, como capitán de la Infantería de Marina de los Estados Unidos y emprendedor exitoso, sus intereses cambiaron hacia entender y ayudar a las personas a desarrollar un carácter positivo y habilidades de comunicación eficaces.

El trasfondo de Anna en radio, televisión y hablar en público los llevó a muchos campos de trabajo, incluyendo la dirección compartida de programas en hospitales psiquiátricos en Dallas/Fort Worth (Texas), Alburquerque, Nuevo México y Newport Beach (California), así como múltiples clínicas psiquiátricas y psicológicas de pacientes externos.

Con la colaboración de psiquiatras, psicólogos, trabajadores sociales, enfermeros, terapeutas y otros profesionales, los Kendall crearon, probaron y demostraron el éxito de su concepto: los estilos de comunicación de los 7 Lenguajes de Vida. Su instrumento de evaluación psicométrica ha crecido y evolucionado hasta convertirse en el asombrosamente preciso Perfil Kendall de los Lenguajes de Vida (KLLP, por sus siglas en inglés), el cual es particularmente diagnóstico, prescriptivo y transformador.

Los 7 Lenguajes de Vida y el Perfil Kendall han sido usados por miles de individuos, parejas, familias, empresas, corporaciones y agencias gubernamentales. El Programa se ha enseñado en institutos y universidades. Gracias a nuestra red internacional de entrenadores, actualmente está siendo usado en más de 185 países.

El deseo de los Kendall es que este libro enriquezca tu vida y te ayude a descubrir los distintos estilos de comunicación que todos poseemos.

Si quisieras tomar un Perfil de los Lenguajes de Vida personal en cualquier momento, al final de este libro encontrarás instrucciones para tomar una versión gratuita y abreviada, y también el Perfil completo.

—*Gerald Parsons*, COO
Instituto Internacional de los Lenguajes de Vida
Dallas, TX

RECONOCIMIENTOS

Gracias a las muchas personas que nos han ayudado con el desarrollo del concepto de los 7 Lenguajes de Vida, el Perfil Kendall de los Lenguajes de Vida (KLLP), y la redacción y desarrollo de este libro.

A Marcus y Joni Lamb, su familia y el equipo de Daystar Television Network, quienes vieron de inmediato el valor del Perfil hace años y han proclamado los beneficios literalmente por el mundo.

A Carolyn Santos, nuestra directora internacional de entrenamiento, que ha vivido los 7 Lenguajes de Vida durante los últimos veinte años viajando por el mundo para alcanzar y entrenar a otros.

A nuestro jefe de operaciones, Gerald Parsons, quien nos ha animado incansablemente, y también ha sido una fuerza de navegación durante todo el firme crecimiento del Instituto Internacional de los Lenguajes de Vida.

A nuestra Directora de Recursos Humanos del Instituto, Anne Schultz, ¡que ha mantenido rodando las ruedas corporativas del progreso!

A Phil y Betty Klein, que amablemente dieron de su tiempo y talentos para editar y mejorar el primer borrador completo de este manuscrito. Apreciamos mucho sus ideas y creatividad.

A Kevin Badinger, nuestro experto en tecnología de la información, que nos ha guiado mediante múltiples versiones y mejoras de software del Perfil

A Shaun y Tina Naidoo, que nos adoptaron en su familia y han sido parte de grandes decisiones corporativas, el crecimiento y desarrollo de los Lenguajes de Vida.

A los cientos de coaches de comunicación certificados de los Lenguajes de Vida, sin los cuales aún estaríamos intentando difundir solos este mensaje. Gracias por unirse a nosotros para dar a conocer los Lenguajes de Vida por todo el mundo.

Y a las empresas, organizaciones, clientes, amigos y familiares que han caminado con nosotros en este viaje. Nuestras más sinceras gracias a cada uno.

PARTE UNO

PANORAMA GENERAL

1

UNA NECESIDAD UNIVERSAL

Imagina intentar comunicarte con cada persona en el mundo, más de siete mil quinientos millones de personas. Es una idea intimidante, ¿no crees? Ahora imagina que solo tuvieras que comunicarte con siete personas. Ya no es tan difícil, ¿cierto?

El hecho es que si puedes comunicarte con esas siete personas, puedes comunicarte con todas las demás, porque todos hablamos uno de los 7 Lenguajes de Vida.

A diferencia del inglés, chino mandarín, español o cualquier otro de los seis mil lenguajes hablados del mundo, los 7 Lenguajes de Vida son estilos de comunicación. Son dinámicos, definibles, basados en el carácter, y universalmente exitosos tanto para las relaciones profesionales como las personales.

La buena noticia es que tú ya hablas estos siete Lenguajes en alguna medida. Según aprendas a reconocerlos, también serás capaz de comunicarte eficazmente con personas en cada situación, y en cada esfera de la vida.

MÁS RÁPIDO NO SIEMPRE ES MEJOR

Desde que entramos en el siglo XXI se ha producido un cambio definitivo en la *manera* en que las personas se comunican, y un cambio mayor en *cómo* nos relacionamos unos con otros. La Internet y los teléfonos celulares nos dan acceso a una comunicación instantánea y personal en todo el planeta, así como la capacidad de interactuar en cualquier lugar y en cualquier momento. Pero esto no ha conducido necesariamente a entendernos mejor, ni a mejores interacciones. A medida que la tecnología continúa mejorando, casi cada día, nuestros *estándares de comunicación* han caído, casi hasta el punto de pasarlos por alto.

¿Dos adolescentes que se envían el uno al otro una serie de emoticonos se están comunicando verdaderamente a un nivel profundamente personal e intelectual? ¿Qué decir del nuevo gerente joven que envía a un vendedor con larga experiencia un texto que dice: "X crto, qtpsa? Pff cmo la lías, la prox q t drmas…tn cuidao mñn pf va?".[1]

Las buenas habilidades de comunicación son particularmente imperativas para gerentes y líderes. También mejoran nuestras relaciones con familiares, amigos,

---

1. "Por cierto, ¿qué te pasa? Pff, cómo estás, la próxima vez que te duermas…ten cuidado mañana, por favor, ¿vale?

compañeros de trabajo, y todas las demás personas a las que conocemos.

Los consejeros matrimoniales dicen que la razón número uno por la que los matrimonios fracasan es por un problema de comunicación. Si una pareja es capaz de comunicarse, puede manejar cada problema que pueda surgir, ya sea un desacuerdo financiero, problemas con la crianza de los hijos, unos suegros problemáticos, o cualquier otra cosa.

Para que podamos vivir y trabajar juntos en armonía, tenemos que entendernos el uno al otro. Es posible hacerlo si aprendes los 7 Lenguajes de Vida. Creemos que te darán una manera revolucionaria de actuar, pensar y sentir con respecto a la comunicación.

COMUNICARSE O MORIR

El capitán Eugene "Red" McDaniel, un piloto de la Infantería de Marina de los Estados Unidos, fue atacado en el norte de Vietnam y capturado como prisionero de guerra por seis años. En su libro *Scars and Stripes* (Cicatrices y rayas), describió la imperiosa necesidad de los prisioneros de comunicarse entre ellos para mantener la moral.[2]

En muchas ocasiones, McDaniel y otros prisioneros de guerra sufrieron torturas en lugar de rendirse, en su intento de mantenerse en contacto unos con otros. Cuando estaba aislado en reclusión, los otros prisioneros de guerra arriesgaban su vida al elaborar un complicado sistema

2. Eugene Red McDaniel, *Scars and Stripes: The True Story of One Man's Courage Facing Death as a POW in Vietnam* (Cicatrices y rayas: La verdadera historia del valor de un hombre enfrentando la muerte como prisionero de guerra, Washington, DC: WND Books, 2012)

de comunicación que incluía escribir mensajes debajo de sus platos, toser, usar jerga, sistemas de golpecitos en las paredes de sus celdas, reírse, rascarse, e incluso escupir o sacudir cierto número de veces la ropa que lavaban para transmitir letras del alfabeto.

"Lo único que sabía es que tenía que comunicarme con mi propia gente", dijo McDaniel. "Al igual que yo, ellos también querían sobrevivir a ese encarcelamiento."

Cualquier prisionero de guerra solo y aislado se sentiría débil y sin esperanza. Comunicarse con los demás les daba la fuerza para seguir adelante.

Para esos hombres valientes, era comunicarse o morir. Y para las relaciones personales y corporativas, es comunicarse o ver tu carrera o tus relaciones sufrir una muerte cruel, la muerte de la desconexión, el abandono o el malentendido, o la muerte silenciosa de la apatía. A menudo, no es solo tu carrera lo que muere. A veces, incluso la corporación muere si la comunicación no es una prioridad.

—Anna Kendall

2

INTELIGENCIAS DE COMUNICACIÓN

Peter Drucker, a menudo llamado el padre de la administración estadounidense, afirmaba que el 80 por ciento de todos los problemas de administración son el resultado de una comunicación defectuosa.

Una buena comunicación no ocurre por sí sola. Para la mayoría de las personas, es una habilidad que se aprende con el tiempo.

Antes de descubrir y desarrollar los 7 Lenguajes de Vida, Anna y yo solíamos pensar que éramos buenos comunicadores. Ambos éramos elocuentes y nos sentíamos cómodos hablando a otras personas. Podíamos mantener una conversación con cualquiera. Pero ser bueno hablando no significa que uno sea un buen comunicador. A veces, nuestras comunicaciones flaqueaban, especialmente entre nosotros dos. No entendíamos lo que el otro había dicho o había querido decir.

Tendemos a juzgar lo que no entendemos.
— Carolyn Santos
Directora Internacional de Entrenamiento
de los Lenguajes de Vida

¿QUÉ ES COMUNICACIÓN?

Comunicación es el proceso de transmitir información de una persona a otra o a un grupo para crear un entendimiento y sentimiento compartidos. La palabra "comunicación" viene de la palabra en latín *communicare*, que significa "compartir o experimentar una unión común".

Las personas que se comunican no tienen que estar necesariamente de acuerdo la una con la otra. En cambio, transmiten información con la esperanza de que se entienda y se reciba como esperaban.

¿Alguna vez has sentido que tú y tu jefe, compañero de trabajo o asistente, no se estaban comunicando? ¿Fue como si tú estuvieras hablando un lenguaje cultural distinto? ¿Que por mucho que dijeras o hicieras se entendía mal, o que *el otro* "no llegaba a entender" tu punto o tu mensaje?

¿Conoces a alguien cuyas acciones o palabras a menudo se entienden como un insulto o una ofensa? ¿A alguien que siempre parece ser impaciente o estar de mal humor?

Imagina la paz y productividad que habría si estuvieras trabajando en un entorno donde se *te* entienda y donde tú también entendieras a *todos los demás*. Sería como tener un intérprete en tiempo real a tu lado, explicando todo lo que se ha dicho o hecho, con detalle y claridad.

LAS OBSERVACIONES DE FRED COMO INFANTE DE MARINA

Siempre he sido un estudiante de la naturaleza humana. Mientras estaba en el Cuerpo de Infantería de Marina comencé a observar las distintas reacciones iniciales de los miembros de las tropas entre ellos, al igual que la forma en que el grupo, como un todo, reaccionaba a las órdenes que les daban sus oficiales.

Un grupo parecía querer *mantenerse ocupado siempre*. Las personas que "hablaban mucho y hacían poco" parecían molestarles. Este grupo quería ir y hacer las cosas. Es interesante que este grupo estaba subdividido en dos grupos similares, pero distintos: los que querían estar activos y ocupados, independientemente de cuál fuera su localización asignada, y los que no necesitaban ir a ninguna parte para estar activos. Solamente querían mantenerse ocupados. La actividad era definitivamente una parte de su reacción a la vida. Muchos de estos infantes de Marina, durante una situación de guerra, parecían querer pasar a la acción o el combate casi antes de recibir la orden de moverse. Antes de que estos infantes tuvieran tiempo para pensar o sentir, ¡ya estaban dispuestos a salir!

Un segundo grupo estaba compuesto por tropas que *aceptaban con agrado* un plan concreto que les presentara su superior. Tendían a mostrar más cuidado e interés con sus compañeros que con los contenidos del plan militar que les acababan de presentar. Este grupo estaba guiado por sus sentimientos. Eran expresivos y por lo general se sentían energizados por sus pasiones o emociones. Estos individuos aportaban cohesión emocional a un grupo. Si uno de ellos recibía una carta del tipo "querido Juan" o similar, o recibía malas noticias de casa, le costaba mucho más aceptar la información emocionalmente.

El tercer grupo estaba formado por quienes *eran guiados por sus pensamientos* cuando parte de las tropas recibían órdenes o planes directos. Si era posible, cuando la situación lo permitía, muchas de las personas de este grupo hacían preguntas y querían saber más información o datos. Después lo consideraban, lo pensaban e intentaban entender mejor la naturaleza u objetivo del plan.

Disfruté mucho mi estancia en el Cuerpo de Infantería de Marina, y después, cuando entré en el mundo empresarial, me di cuenta de cuán sobresaliente fue el entrenamiento de liderazgo en la Infantería de Marina.

Cuando empezamos a intentar entender las comunicaciones interactivas, me vinieron a la mente tres tipos de inteligencias o categorías de personas. Hay individuos que:

1. Actúan primero

2. Sienten primero

3. Piensan primero

Tras miles de horas de investigación y discusión, comenzamos a identificar estas conductas en personas que conocíamos, con las que nos reuníamos o de las que leíamos. Años de observación y estudio nos dieron una lista extensa de diferencias subdivididas en estas tres categorías de vida: cinética/acción; emotiva/sentimental; y cognitiva/pensante.

Hemos llegado a entender estas categorías como distintas inteligencias. Cada una de las tres tiene descripciones fuertes y saludables, y cada una puede tener algunos resultados poco productivos cuando se llevan a un extremo o están sujetas a un estrés que se convierte en angustia.

Durante nuestros años de ser dueños y dirigir tres programas de hospitales psiquiátricos, hablamos de esta teoría con profesionales de nuestro equipo. Estuvieron de acuerdo en que estas tres categorías también se podían describir como tres tipos de inteligencias. Al ver estas tres inteligencias y los 7 Lenguajes de Vida, recuerda que cualquier combinación puede ser muy eficaz para los líderes empresariales o corporativos. Cada Lenguaje de Vida simplemente dirige de una forma distinta.

Esta tabla muestra las tres agrupaciones de la comunicación inteligente y los 7 Lenguajes de Vida:

GRUPOS DE COMUNICACIÓN INTELIGENTE		
Cinética/acción	**Emotiva/sentimental**	**Cognitiva/pensante**
Autor	Influyente	Moldeador
Hacedor	Respondedor	Productor
		Contemplador

Todos nos comunicamos en las tres categorías. Todos actuamos, sentimos y pensamos.

1. Inteligencia cinética/acción. Antes de que las personas con esta inteligencia se detengan a pensar o a considerar sus sentimientos, pasan fácilmente a algún tipo de acción. Hay dos estilos de comunicación o lenguajes de vida que entran en esta categoría: Autor u originador y Hacedor. Quienes tienen uno de estos Lenguajes de Vida como su estilo preferido de comunicación se mueven con inteligencia *instintiva* o inteligencia *práctica*.

2. Inteligencia emotiva/sentimental. Los que hablan los Lenguajes de Vida desde la inteligencia emotiva, tienden a ser relacionales y su primera respuesta ante la vida, las personas o las situaciones es mediante sus sentimientos, los cuales revelan a través de sus palabras o su conducta. Responden subconscientemente con su consciencia emotiva o inteligencia. Esta categoría está compuesta por dos Lenguajes de Vida con diversos grados de inteligencia *relacional*: Influyente y Respondedor.

3. Inteligencia cognitiva/pensante. La primera respuesta que las personas de la inteligencia cognitiva/pensante tienen ante la vida, otras personas o situaciones es pensar. Algunos piensan rápidamente, mientras que otros pueden pasar más tiempo razonando, recogiendo datos, considerando, ponderando y evaluando, pero todos ellos piensan primero. Responden subconscientemente con su consciencia cognitiva o inteligencia *analítica*. Los tres Lenguajes de Vida en esta categoría son: Moldeador, Productor y Contemplador.

Todos pasamos a menudo por estas tres categorías de inteligencia de forma rápida y subconsciente. Sin embargo, es importante conocer y entender el *orden* en el que esto ocurre. Esta "consciencia de inteligencia" nos da mayor entendimiento de nosotros mismos y de otros.

Por ejemplo, si tu primera inteligencia es la cinética y quieres comunicarte con alguien cuya primera inteligencia es cognitiva, te darás cuenta de que debes detenerte, escuchar y pensar con esa persona antes de pasar a la acción.

EL PERFIL KENDALL DE LOS LENGUAJES DE VIDA

LIFE LANGUAGES
INTERNATIONAL™

Se ha llevado a cabo una revolución silenciosa en el campo de las comunicaciones corporativas.

Los gerentes quieren entender a sus equipos de trabajo. Los ejecutivos quieren que todos sean felices y productivos. Los empleados quieren sentirse valorados y más cómodos con sus compañeros de trabajo.

Nos sentimos impulsados a escribir este libro para ayudar a las personas a conseguir todo esto, y más.

Hay un punto que queremos subrayar antes de sumergirnos en los 7 Lenguajes de Vida. Ningún estilo de comunicación de los Lenguajes de Vida es mejor que otro. No tomarás la Evaluación de Lenguajes de Vida y pensarás: "No me extraña que no pueda hacer que las personas estén de acuerdo conmigo". ¡No! Más bien empezarás a pensar: "Vaya, ¡ahora todo está empezando a tener sentido!".

> Tu evaluación personal de los Lenguajes de Vida muestra tu estilo de comunicación, escrito de una *forma positiva* para que lo compartas alegremente con otros. Tú y tus compañeros de trabajo o amigos lo encontrarán agradable y revelador.
>
> —Anna Kendall

Durante los pasados veinticinco años, aproximadamente 225 000 personas han tomado el programa de evaluación Perfil Kendall de los Lenguajes de Vida. Ha sido utilizado por individuos, parejas, familias, empresas, universidades, gobiernos, iglesias, y otras organizaciones en todo el mundo. El Perfil ha estado sujeto a enormes análisis técnicos, vocacionales y de investigación de mercado. Mientras la mayoría de los instrumentos de prueba miden aptitud, personalidad, salud mental, habilidades de trabajo, y áreas similares, el Perfil Kendall mide de modo único tu estilo personal de comunicación, y te ayuda a aprender a "hablar" los 7 Lenguajes de Vida de modo fluido y eficaz.

Hemos escrito este libro y desarrollado la Evaluación de los Lenguajes de Vida para introducir a más personas al concepto de *Comunicación inteligente*, y esperamos inspirarlos a aprender su Perfil de Lenguajes de Vida. El Perfil saca a la superficie las maneras únicas en las que te comunicas, tus métodos de comunicación preferidos, y tus áreas de eficacia.

Todo el mundo habla los 7 Lenguajes de Vida, y todas las combinaciones de estos estilos de comunicación son estupendas. Todas tienen cualidades de carácter fuertes y positivas. No hay ningún Lenguaje de Vida que no pueda relacionarse con otro, aunque algunos quizá requieran un poco más de esfuerzo.

Las tablas siguientes nos dan ejemplos de información obtenida del Perfil de los 7 Lenguajes de Vida de una persona, comenzando con su estilo de comunicación primario o más activo.

Preferencia de Comunicación	Lenguaje	Intensidad de Lenguaje	Clasificación	Brecha
Primario	MOLDEADOR	82,93	Alta	0
Segundo	INFLUYENTE	62,69	Moderada	20,23
Tercero	AUTOR	52,58	Moderada	10,12
Cuarto	RESPONDEDOR	42,46	Moderada	10,12
Quinto	PRODUCTOR	41,96	Moderada	,51
Sexto	HACEDOR	41,45	Moderada	,51
Séptimo	CONTEMPLADOR	22,23	Baja	19,22
Rango				60,69
Intensidad general		71,82	Alta	

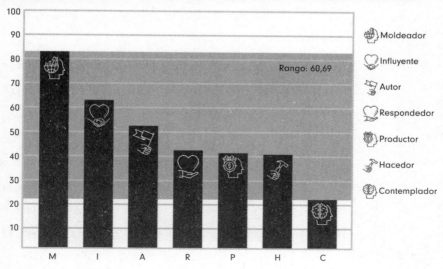

EL PERFIL KENDALL DE LOS LENGUAJES DE VIDA (EJEMPLO)

La tabla de arriba muestra que el Lenguaje de Vida primario de esta persona es Moldeador; se identificó con el 83 por ciento de las características de Moldeador. Sus segundo y tercer Lenguajes de Vida, respectivamente, son Influyente (62 por ciento) y Autor (52 por ciento). Esta persona puede hablar con facilidad y naturalidad estos tres lenguajes e ir de uno al otro. Probablemente será fácil para esta persona comunicarse con otras personas que hablen al estilo de Moldeador, Influyente o Autor como sus Lenguajes de Vida de preferencia.

Después están tres Lenguajes de Vida usados con moderación, en el rango del 40 por ciento, que esta persona puede usar por decisión y sin demasiado esfuerzo. No necesariamente se quedaría en estos estilos de comunicación por demasiado tiempo porque hacerlo sería estresante o requeriría demasiado esfuerzo. Sin embargo, puede utilizar uno de estos lenguajes para comunicarse con quienes utilizan Respondedor, Productor o Hacedor como estilos de comunicación de preferencia.

Las personas que hablan como Contemplador fuerte podrían ser un reto para esta persona, a menos que haya estudiado los 7 Lenguajes de Vida.

NIVEL GENERAL DE INTENSIDAD Y RANGOS DE BRECHA

La puntuación del nivel general de intensidad revela la fuerza, energía y pasión que muestra cualquier persona cuando se está comunicando. Mientras más alta sea la puntuación, más alto es el impulso del individuo por comunicarse. Una intensidad general alta es, a menudo, una indicación de alguien que peleará para que su opinión sea tenida en cuenta, ejercerá control (directamente o indirectamente), y hará más para mantener la comunicación y las relaciones. Las personas de alta intensidad general pueden atraer la atención hacia sí mismas y quizá son más propensas al conflicto.

Puntuaciones de intensidad general más bajas señalan a quienes generalmente no compiten para ser oídos, aunque quizá tengan valiosas aportaciones que hacer. Por desgracia, estas personas a veces son pasadas por alto o ignoradas.

Independientemente de que una persona tenga una intensidad general alta, moderada o baja, esta puntuación no mide si tiene pasión, sino cómo experimentaremos esa intensidad al estar en reuniones o trabajar juntos en un proyecto.

La puntuación de "Brecha" en la primera tabla mide la distancia entre dos Lenguajes de Vida. Mientras mayor sea la brecha, más esfuerzo se requiere para pasar de un Lenguaje de Vida al otro. Mientras menor sea la brecha, más fácil resulta moverse entre los dos.

Indicador	Puntuación	Resultado
1. Nivel de aceptación	98	Alto
2. Estilo interactivo extrovertido	37	Moderado
3. Control interno	29	Bajo
4. Nivel de intrusión	43	Moderado
5. Nivel proyectivo	85	Alto

Indicador	Puntuación	Resultado
6. Susceptibilidad al estrés	11	Bajo
7. Orden de preferencia de aprendizaje		
Visual	56	Alto
Físico	38	Moderado
Auditivo	6	Bajo

TABLA DE INDICADORES DE COMUNICACIÓN

La última tabla ofrece más perspectivas sobre el estilo de comunicación de una persona. Entre otros indicadores, mide:

+ Nivel de aceptación: cómo tiendes a verte a ti mismo

+ Estilo interactivo: si prefieres trabajar solo o en grupos

+ Nivel de control interno: autodisciplinado contra impulsivo

+ Nivel de intrusión: cómo manejas las interrupciones o distracciones

+ Indicador proyectivo: cuán importantes son para ti las percepciones y opiniones de otros

La Evaluación de los Lenguajes de Vida en la Internet que proveemos para los lectores de *Comunicación inteligente* simplemente indicará tu Lenguaje de Vida principal. Si realizas el Perfil Kendall de los Lenguajes de Vida completo, recibirás un reporte detallado sobre tus preferencias de comunicación, con tablas como las que hemos mostrado aquí, y también explicaciones que aumentarán la consciencia de ti mismo y sugerencias sobre maneras de ser más eficaz en tus interacciones profesionales y personales.

ESTILOS DE COMUNICACIÓN SEPARADOS

Los 7 Lenguajes de Vida no se funden o se mezclan. Cada uno está solo porque son estilos de comunicación separados. Pasarás automáticamente de uno a otro a medida que buscas una senda para comunicarte con eficacia.

Conocer tus métodos de comunicación preferidos y tus niveles de intensidad para ellos te dará mucha información sobre quién eres tú. Conocer esto mismo sobre otras personas te ayudará a entenderlos y relacionarte con ellos más efectivamente. Tu Perfil de Lenguajes de Vida puede que confirme cosas que ya sabías sobre ti mismo, o tal vez te sorprendan los resultados.

Todos podemos aprender a reconocer el lenguaje que habla otra persona y pasar a ese estilo de comunicación por decisión, incluso si está en nuestro último lugar. Podría haber empleados clave en tu equipo, departamento o empresa que hablan tu sexto o séptimo Lenguaje de Vida. Sin aprender a entenderlos o comunicarte con ellos, podrías estar preparándote para el fracaso o incluso perder a buenas personas debido a la mala comunicación y los malentendidos.

HABLAR CON ACENTO

Cualquiera que sea tu Lenguaje de Vida primario, hablarás todos los otros con el *acento* del primero, igual que sucede con nuestros lenguajes culturales. Si tu primer lenguaje es el inglés y también hablas español, es muy probable que hables español con acento inglés. Si entonces aprendes a hablar ruso, lo harás con acento inglés y no español.

Esto también es cierto en los Lenguajes de Vida. En el ejemplo del Perfil que hemos proporcionado, ves que el Lenguaje de Vida primario del individuo es Moldeador, el segundo es Influyente, y así sucesivamente. Por lo tanto, esta persona "hablará" los siete Lenguajes de Vida con acento Moldeador.

¿VIVIR EL SUEÑO?

Con demasiada frecuencia, hombres y mujeres jóvenes intentan cumplir los sueños que sus padres tienen para ellos, como entrar en el mismo campo profesional de mamá o papá, o ser parte del negocio familiar. Pronto descubren que son infelices, no se sienten realizados, y viven con angustia y depresión.

A veces, una persona ha estado en una carrera profesional por veinte años y sigue sin estar segura de lo que quiere hacer con su vida. Esto no es inusual. Lo único que sabe esa persona es que se siente atascada, atrapada y derrotada, viviendo en un estado de desesperanza emocional acerca de su futuro, tanto personalmente como profesionalmente. La felicidad y la satisfacción parecen estar muy lejos de su alcance.

¿Por qué? Lo más probable es que esté en una carrera que no encaja en los talentos, deseos o pasiones que tiene. Quizá ni siquiera sepa cuáles son, pero puede recibir perspectivas tremendas y detalladas del Perfil Kendall de los Lenguajes de Vida.

Cuando la ocupación de un individuo está en consonancia con su Perfil de Lenguajes de Vida, casi siempre oímos a esa persona decir cosas como: "¡Disfrutaría de realizar este trabajo *incluso* si no me pagaran!". O también: "Estoy haciendo lo que me gusta. ¿Por qué iba a jubilarme?". Por desgracia, para muchos, ese "trabajo soñado" parece estar siempre más allá de su alcance. Pero no tiene por qué ser así.   —Anna Kendall

Al conocer tu Perfil de los Lenguajes de Vida, además de entender los siete estilos de comunicación, descubrirás que disminuyen los conflictos y los malentendidos, y que con frecuencia incluso quedan eliminados. Además, puede ser una aventura emocionante descubrir una carrera nueva que encaje en tus talentos y sueños.

DIAGNÓSTICO Y PRESCRIPTIVO

El Perfil Kendall de los Lenguajes de Vida es a la vez diagnóstico y prescriptivo. Diagnostica tus fortalezas, pasiones, e incluso posibles debilidades. Obtendrás una consciencia y comprensión de ti mismo casi inmediatas, sabiendo por qué reaccionas de ciertas maneras tanto en el trabajo como en tu vida personal. Y al contemplar los 7 Lenguajes de Vida, llegarás a entender cuándo estás cambiando de un estilo de comunicación a otro.

El Perfil de Lenguajes de Vida es prescriptivo en cuanto a que la información que acabas de descubrir te dará perspectiva con respecto a otras personas para ajustar tu estilo de comunicación y conectar con ellas exitosamente y con eficacia.

Otros instrumentos de prueba te hablarán sobre ti mismo, pero no sobre qué hacer con esa información o cómo comunicarte. El Perfil de Lenguajes de Vida te enseña a ser consciente de ti mismo, interiorizar la información sobre los siete estilos de comunicación y acercarte a otros hablando su lenguaje.

LOS 7 LENGUAJES DE VIDA

Los siete capítulos en la siguiente sección cubren los 7 Lenguajes de Vida. Por motivos de brevedad, decimos "un Autor", "un Respondedor" y similares, pero *solo lo hacemos para hablar sobre un único estilo de comunicación*. No hay comunicadores "puros" de un solo Lenguaje de Vida.

Cada capítulo incluye:

ÍCONO Y EXPLICACIÓN DEL LENGUAJE DE VIDA

Nuestros íconos iniciales para los lenguajes son muy detallados, y queríamos compartir nuestros procesos de pensamiento que hay tras ellos. También hemos intentado crear versiones simplificadas que expresen el tono general del lenguaje.

SÍMBOLO DE LA NATURALEZA

Las vidas de diferentes animales nos dan una manera poco común de examinar cada lenguaje.

COLOR

Vemos los colores que cada estilo de comunicación puede evocar.

CARACTERÍSTICAS POSITIVAS

Las tablas detallan algunas de las cualidades sobresalientes de cada Lenguaje de Vida.

CUATRO CLAVES PARA LA COMUNICACIÓN EXITOSA

1. **Responder a la pregunta de filtro:** Cada Lenguaje de Vida tiene un filtro invisible que da color y afecta cómo recibe la persona la comunicación entrante y saliente. Igual que llevar puestos un par de lentes tintados, este filtro nos da un mensaje silencioso y subconsciente que hace instantáneamente una pregunta. Estudiar los diversos filtros de los 7 Lenguajes de Vida nos ayuda a entender cuán profundamente engranadas están nuestras percepciones. Vemos y definimos el mundo mediante nuestra pregunta filtro.

2. **Llenar la necesidad por parte de otros:** Todos tenemos necesidades que, cuando son satisfechas, nos hacen sentirnos apreciados, motivados y entendidos.

3. **Alentar la pasión:** Todos estamos constituidos con una pasión por distintos logros. Conocer esto puede ayudarnos en nuestros esfuerzos para ordenar nuestra vida y, en consecuencia, nuestras relaciones.

4. **Validar el carácter:** Todos los Lenguajes de Vida tienen características múltiples, pero cada uno tiene una cualidad clave de carácter, que se destaca, define su estilo de comunicación, y aprecia validación por parte de otros.

RASGO ESENCIAL A CULTIVAR

Este es el rasgo que quizá necesites desarrollar, dependiendo de tus Lenguajes de Vida clave.

HÁBITO DE ÉXITO A DESARROLLAR

¿Qué hábito clave debe ser desarrollado a fin de lograr el éxito? Este es un hábito que no está naturalmente en el ADN de cada Lenguaje de Vida y que debe practicarse intencionalmente hasta que comience a surgir de modo natural.

INDICADORES DE PELIGRO

Algunas veces vemos indicadores de peligro en la autopista al lado de un auto que se ha averiado o tiene un neumático pinchado. Los indicadores alertan a otros conductores para evitar choques con el vehículo averiado, o señalan que alguien necesita ayuda.

Cuando cualquiera de los 7 Lenguajes de Vida es estresado o entra en peligro, tiende a enviar señales o indicadores reconocibles, señales de advertencia que dejan saber a otros que algo no va bien. Estos indicadores de peligro son maneras en las que comenzamos a sabotear nuestra vida personal y profesional de maneras muy predecibles. Por fortuna, si somos conscientes de ellos, pueden resolverse fácilmente.

Si hemos desarrollado una buena sensación de consciencia de nosotros mismos, podemos captar cuándo estamos enviando esas señales y dar pasos para aliviar el problema. Si no tomamos esa decisión, podemos ser menos exitosos en nuestras relaciones y nuestra carrera profesional.

> Quizá expresamos nuestros indicadores de peligro en nuestro segundo o incluso tercer Lenguaje de Vida. Es importante ser conscientes de todos ellos y ser capaces de identificar con qué indicadores tendemos a operar cuando estamos bajo estrés.
>
> —Carolyn Santos
> Directora Internacional de Entrenamiento
> de los Lenguajes de Vida

Recuerda: tenemos opciones. Podemos decidir hacernos responsables de nuestra conducta negativa y escoger ser felices, sanos y exitosos. Incluso podemos decidir tratar los asuntos negativos de maneras positivas. Los Lenguajes de Vida revelan más opciones de las que sabíamos que teníamos.

Cuando reconocemos las maneras en que cada uno maneja el *peligro*, podemos sacarnos a nosotros mismos de esta conducta por elección, u otras personas cercanas pueden reconocer los síntomas de peligro y mirar nuestro perfil para determinar cómo ayudar.

> Las personas cambian cuando el dolor de permanecer igual es mayor que el dolor de cambiar.
>
> —Anna Kendall

ESTILOS DE LIDERAZGO

Todos los siete estilos de comunicación pueden formar líderes exitosos y eficaces.

PROFESIONES, INDICACIONES Y EJEMPLOS

Cada capítulo sobre los 7 Lenguajes de Vida también examina posibles profesiones, provee indicaciones para comunicarse con cada lenguaje, y ofrece ejemplos de personas conocidas que parecían, o parecen, comunicarse abrumadoramente bien en ese estilo.

Es importante observar que a pesar de cuáles sean los resultados de tu Evaluación de los Lenguajes de Vida, eres un individuo único y especial con muchos dones y talentos que el mundo necesita. ¡Celebra quien tú eres!

Si tienes alguna pregunta, envía un correo electrónico al Instituto de los Lenguajes de Vida en info@lifelanguages.com o llama al 972-406-1313 para realizar una consulta gratuita en Internet o por teléfono con un entrenador certificado de los Lenguajes de Vida.

PARTE DOS:

LOS 7 LENGUAJES DE VIDA

LENGUAJES DE VIDA PRINCIPALES POR POBLACIÓN

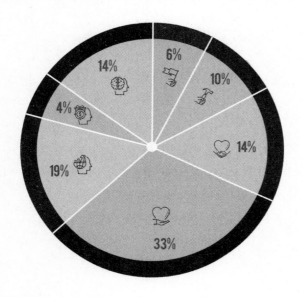

Porcentajes aproximados de población con estos como sus Lenguajes de Vida principales:

- Autor (Originador): 6 por ciento

- Hacedor: 10 por ciento

- Influyente: 14 por ciento

- Respondedor: 33 por ciento

- Moldeador: 19 por ciento

- Productor: 4 por ciento

- Contemplador: 14 por ciento

4

AUTOR (ORIGINADOR): PENSAR FUERA DEL MOLDE

EL ÍCONO DE AUTOR

El ícono original de Autor presenta un estandarte que se mueve con la imagen de una bombilla, una corneta y una pequeña mano que sostiene un martillo, significando la inteligencia cinética/acción. El nuevo ícono conserva la bandera porque los Autores son conocidos como portadores de estandartes. Dondequiera que van, quieren elevar las normas de conducta o rendimiento. Ellos dirigen la carga y pasan a la acción.

El ícono tiene el nombre Autor escrito como si estuviera en movimiento porque los Autores raras veces se quedan quietos. Prefieren estar en movimiento.

Los Autores también están llenos de ideas creativas, al igual que de maneras novedosas de hacer cosas viejas. Tienden a ver las cosas en blanco y negro, bien o mal, correctas o equivocadas. Por su misma naturaleza, llaman a otros a dejar de vivir en las sombras de los grises y avanzar hacia un estándar más elevado.

Como da a entender el nombre de este Lenguaje de Vida, los Autores son asombrosas personas de acción que parecen estar en movimiento constante, haciendo que sucedan cosas. La vida de un Autor (Originador), por lo general, pasa por algunos altibajos en su camino al éxito, pero raras veces será aburrida. No abandonan hasta toparse con un perforador, aunque puede que caven algunos agujeros secos en el camino.

La carrera ha comenzado, y los Autores se apresuran a la línea de meta.

LA INTELIGENCIA DEL AUTOR: INSTINTIVA/CINÉTICA

Autor es el estilo de comunicación número uno de los emprendedores. En muchos casos, los Autores comienzan más de un negocio durante su vida. No es inusual para ellos que cuando un negocio está en marcha lo entreguen a otra persona y ellos entonces comienzan otro negocio. Para ellos, el reto de emprender cosas nuevas puede que nunca termine. Se puede encontrar características de Autor en un líder, supervisor o empleado, ya sea varón o mujer.

PENSAR "FUERA DEL MOLDE"

La mayoría de los Autores tienden a confiar en sus instintos. Tienen "mundo" o sabiduría de calle, y les gustan las actividades emocionantes y que conllevan riesgo. Piensan fuera del molde y están llenos de ideas creativas. Un Autor siente o ve la siguiente ola, y sabe cómo hacer que sucedan más cosas por accidente de las que la mayoría de las personas hacen a propósito.

A los Autores también les gusta llevar las riendas y hacer que sucedan cosas. "Lidera, sigue, o apártate del camino" es como mejor se describe la mentalidad de Autor.

> Es importante que los jóvenes emprendedores sean adecuadamente conscientes de sí mismos para saber lo que no saben.
>
> —Mark Zuckerberg
> Cofundador y Director General de Facebook

SÍMBOLO DEL AUTOR EN LA NATURALEZA

Lo que mejor representa al Autor (Originador) probablemente sería un caballo salvaje o un potrillo salvaje. Estos caballos son rápidos, inteligentes, de paso firme, valientes, emprenden riesgos y son resistentes. Hasta cierto grado, son indomables e impredecibles. Cuando se les trata bien, pueden llegar a ser caballos leales. Nunca los veríamos empujando vagones o arando campos.

Algunos de estos caballos se han convertido en leyendas, con libros y guiones escritos sobre ellos, como Misty de Chincoteague (Virginia) y el caballo de caballería Comanche, el único superviviente conocido de la Batalla de Little Bighorn. Algunos caballos salvajes han llegado a ser campeones de carreras.

COLOR DEL AUTOR

El color que mejor describe a un Autor es el rojo de camión de bomberos. El rojo es el color más relacionado con energía, determinación, poder, calor, fuerza y acción. El rojo sugiere valentía y emoción; no es fácilmente ignorado o pasado por alto. El rojo es también un color apasionado. El lenguaje de Autor es de gran pasión; eso viene de la fuerza de su estilo de comunicación.

Los Autores responden a los eventos de la vida automáticamente e instintivamente. Por lo general pasan rápidamente a la acción cuando es necesario. Mientras se están moviendo, sus *sentimientos* participan y son energizados aún más. Con frecuencia *piensan otra vez* en la acción o conversación cuando el "evento" ha terminado.

Si su conducta no cumple con sus propias normas y expectativas, pueden ser bastante duros consigo mismos. Por naturaleza, tienden a ser duros con otros, pero al final son, incluso, más duros consigo mismos.

CARACTERÍSTICAS O ATRIBUTOS POSITIVOS DE LOS AUTORES

6%

Quienes tienen el estilo de Autor como su lenguaje principal o primario tendrán la mayoría o muchas de las características siguientes. Quienes tienen Autor como su segundo o tercer lenguaje, y así sucesivamente, tendrán menos de estas características. *Para más detalles, ver el Apéndice A.*

Valiente	Asume riesgos	Innovador
Osado	Le gusta la emoción	Piensa hacia adelante
Estándares altos	Decidido	Emprendedor
Tenaz	Visionario	Hacedor de cambio
Alta energía	Orientado a resultados	Directo
Hipervigilante	Proactivo	Persuasivo
Personalidad fuerte	Pionero	Verbal
Honesto	Introspectivo	Sensible
Veraz	Asertivo	De ideas creativas
Perceptivo	Dramático	Introspectivo

Aproximadamente el 6 por ciento de la población habla Autor como su principal Lenguaje de Vida.

CUATRO CLAVES PARA UNA COMUNICACIÓN EXITOSA

1. Responder a la pregunta de filtro: *"¿Cuál es tu motivación?".*

Un Autor tiene un filtro que primero ve una situación, conversación o problema, y después hace la pregunta: "¿Cuál es tu motivación?" o "¿Cuáles son tus planes?".

A los Autores les gusta la comunicación directa y al punto. No sería una buena idea acudir a un compañero de trabajo Autor y decir: "¿A qué hora te vas del trabajo hoy?". La respuesta de filtro del Autor a eso sería: "¿Por qué me haces esa pregunta?".

Un enfoque directo produciría un resultado más exitoso. Por ejemplo, el compañero de trabajo podría decir al Autor: "Tengo algunas propuestas de clientes que necesito desesperadamente solucionar hoy, y probablemente tendré que trabajar hasta tarde. Si tienes tiempo, sin duda me vendría muy bien tu ayuda".

Los Autores quieren conocer el resultado final.

2. Satisfacer la necesidad por parte de otros: *Acción y congruencia*

Para un Autor, hablar mucho y no actuar es muy frustrante. Los Autores realmente se desarrollan donde se permite y se espera la acción, y donde se aprecian las ideas nuevas. En las relaciones quieren congruencia; es muy importante que tus palabras y acciones estén en consonancia. En otras palabras: "Haz lo que dices y di lo que haces".

Si dices que terminarás a tiempo un proyecto, pero después te vas temprano del trabajo o llegas tarde sin una excusa válida, un jefe Autor se preocupará. Incluso si terminas el proyecto, y lo entregas exactamente en la fecha límite, el Autor quizá piense que no lo consideras una prioridad. Puede incluso preguntar: "¿Por qué esperaste hasta el último momento para entregar esto?".

Sabiendo que la tarea era un proyecto *prioritario*, el jefe Autor se preguntará por qué no lo entregaste *antes* de la fecha límite. Podría cuestionar tus motivos e incluso pensar que tus palabras y actos no están en consonancia.

Los Autores necesitan y esperan que cumplas rápidamente, *¡antes de las fechas límite!* Cuando vemos con los filtros del Autor, podemos ver por qué terminar un trabajo a tiempo parece como si se hubiera entregado tarde.

3. Alentar la pasión: *Innovación*

Los Autores no están contentos en un entorno que se mantiene siempre igual. Están dotados de la capacidad de cambiar, reubicar y refinar cosas, sistemas, procedimientos, métodos, territorios, departamentos o personal. Los Autores son personas de ideas creativas que en raras ocasiones, si es que alguna, están satisfechos con el *status quo*. Les gusta mejorar casi todo mediante la innovación.

Si trabajas con un Autor, es importante que no te tomes personalmente su deseo de hacer cambios; y si le das una oportunidad a la nueva idea, procedimiento o método, por lo general descubrirás que sus ideas son en general bastante buenas.

> Descubre eso por lo que estás superapasionado... y hazlo. —Mark Zuckerberg

4. Validar el carácter: *Valentía, estándares altos*

La fortaleza de carácter clave del Autor es la valentía, en particular valentía para los estándares altos. Él o ella enfrentan la vida de cara, con valentía y propósito; tiene la valentía para cambiar el *status quo*, y el carácter y la perseverancia para moverse y alcanzar las normas o estándares más elevados en la profesión que ha escogido. Los Autores también tienen respeto por lo que es justo y recto, especialmente cuando implica al indefenso.

> Valentía es la más importante de todas las virtudes, porque sin valentía no puedes practicar consistentemente cualquier otra virtud.
> —Maya Angelou

RASGO ESENCIAL A CULTIVAR: MANTENIMIENTO

Los Autores son visionarios e innovadores acelerados, a quienes les gusta hacer que las cosas sucedan. Cuando un proyecto está terminado, están listos para avanzar y comenzar un proyecto nuevo.

Generalmente, una de las mayores debilidades del Autor es una disposición a no mantener un proyecto y tratar con sus actividades diarias y rutinarias. Además, los Autores deben desarrollar el rasgo de mantenimiento de proyecto o estar en una posición que permita que esta responsabilidad sea delegada, pero no ignorada.

HÁBITO DE ÉXITO A DESARROLLAR: SER FINALIZADOR

Los Autores necesitan desarrollar el hábito de manejar detalles diarios y finalizar lo que inician, o trabajar con alguien que sea una persona orientada al detalle y a lo cotidiano.

Si no tienen cuidado, los Autores comenzarán nuevos proyectos mientras otros proyectos actuales están aún por finalizar. Un Autor en una posición de supervisión o liderazgo delega labores para manejar las tareas pequeñas y rutinarias que deben realizarse.

CASO DE ESTUDIO DE UN AUTOR

El Dr. Bourke pidió al Instituto de los Lenguajes de Vida que hiciera un perfil de toda su plantilla de personal, incluido él mismo, en su clínica médica. Su esposa hizo el Perfil Kendall en su iglesia y le habló sobre el programa.

El Dr. Bourke había sido ya por más de cinco años un médico de emergencias muy exitoso, cuando sus asociados y asesores comenzaron a decirle: "Es momento de que ralentices el paso y comiences tu propia consulta privada.

Tienes que pasar más tiempo con tu familia y comenzar a trabajar en tu portafolio financiero personal".

Él decidió aceptar su consejo y pasar a la práctica privada. En definitiva, todo eso parecía tener sentido.

Cuando el Dr. Bourke nos llamó, su consulta privada muy exitosa tenía tres años de establecida. Estaba creciendo con tanta rapidez que acababa de sumar a dos médicos más y había aumentado el equipo de enfermeros. Parecía que su vida era perfecta.

Pero a medida que pasaba tiempo con sus pacientes, el Dr. Bourke descubrió que muchos de ellos querían contarle *todos sus problemas*. Como médico de ellos, él sentía que era importante saber escucharlos, pero lo cierto era que no le gustaba quedarse sentado y escuchando sus problemas. Intentaba cortar las conversaciones educadamente sin ofenderlos, pero aun así parecía que escuchaba demasiado tiempo, haciendo que cada cita posterior se demorara.

El Dr. Bourke pensó que la solución podría ser ver personalmente a menos pacientes y hacer que los otros médicos se ocuparan del resto. Decidió que él haría más trabajo administrativo para su consulta.

Pero ser administrador demostró ser incluso más frustrante para él. No le gustaba todo el papeleo y los detalles de la administración. Además, su gerente de personal era un administrador excelente y muy bueno con el trabajo detallado.

El Dr. Bourke sobresalía en supervisar al equipo, motivarlo y atraer a más pacientes, pero no pasó mucho tiempo hasta que se dio cuenta de que incluso eso no era suficiente. No se sentía satisfecho.

Cuando se cruzaron nuestros caminos, el Dr. Bourke estaba pensando seriamente en dejar por completo la medicina. "¿Por qué seguir haciendo algo que ya no me gusta?", no dejaba de preguntarse.

Cuando el Dr. Bourke tomó el Perfil de Lenguajes de Vida, descubrió que su primer Lenguaje de Vida era Autor.

"¡Vaya!", exclamó. "No me extraña que la medicina en emergencias me resultara tan emocionante y satisfactoria."

Le encantaba el ritmo rápido y no oír a los pacientes quejarse sobre problemas que no estaban relacionados con sus razones para estar en la sala de emergencias. ¡Y no había ningún papeleo!

La mayor habilidad del Dr. Bourke era su capacidad para tomar decisiones médicas rápidas e intuitivamente precisas, y que salvaban vidas. Al continuar leyendo sobre su estilo de comunicación, se dio cuenta de que por primera vez en toda su carrera médica se entendía a sí mismo y las decisiones que había tomado.

Pasar a la práctica privada era estupendo para algunos de sus amigos, pero no para el Dr. Bourke. Ahora, ha regresado a hacer lo que le gusta: salvar vidas como increíble médico de emergencias.

Valentía no es simplemente una de las virtudes, sino la forma de cada virtud en el punto de prueba, lo cual significa el punto de la mayor realidad.

—teólogo C.S. Lewis

INDICADORES DE PELIGRO: ADA

1. Ataque

2. Demanda

3. Ataque de nuevo

Una experiencia de indicador de peligro o incidente por parte de un Autor puede ocurrir durante una conversación o tener lugar en dos días o más, dependiendo de las circunstancias. Recordemos que estos son indicadores *disfuncionales* de que algo no está bien para el Autor. Dirán cosas como las siguientes:

Ataque: "Oye, ¿has hecho lo que te pedí que hicieras?".

Demanda: "Lo necesito ahora, ¡así que deja todo lo demás y termina esto!".

Ataque: "¿Dónde está? ¡¿No lo has finalizado aún?!".

A veces, si un Autor siente que ha sido especialmente duro con la otra persona, presentará un cuarto indicador:

Disculpa: "Muchas gracias. Siento haber sido tan duro contigo. Debería haber sabido que lo terminarías a tiempo".

Quizá expresamos nuestros indicadores de peligro en nuestro segundo o, incluso, tercer Lenguaje de Vida, de modo que es importante ser conscientes de todos ellos y poder identificar con qué indicadores tendemos a operar cuando estamos bajo estrés.
—Anna Kendall

ESTILOS DE LIDERAZGO

+ Valiente, con altas normas de honestidad e integridad

+ Innovador, con ideas creativas

+ Normalmente muy bueno en explicar la visión y el cuadro general

+ Fuerte motivador

+ Dispuesto a identificar y confrontar problemas, producir cambios y aceptar riesgos

+ Proactivo y reactivo

+ Deseoso de una buena comunicación, pero quizá no ralentiza para eso a menos que se le pida

+ Tiene expectativas de acción y resultados por parte de los demás

Los autores que son líderes necesitan a otros en su equipo para poder empoderar a quienes son orientados al detalle, y dispuestos a pasar a la acción necesaria para ver resultados.

OTROS RASGOS DE LIDERAZGO

Una filosofía cultural de éxito: "Seremos exitosos mientras sigamos avanzando rápidamente, estemos dispuestos a correr riesgos, y sobrepasemos a la competencia en trabajo e ideas".

Una estructura organizacional emprendedora: a los Autores les gusta comenzar cosas nuevas. Como líder, un Autor quizá tenga en movimiento muchas cosas viejas y nuevas al mismo tiempo. Los Autores sabios tendrán equipos que puedan continuar las cosas mientras ellos hacen que sucedan cosas nuevas.

En la salud, el Autor será un innovador enfocado, que hace que las cosas sucedan exitosamente.

En el peligro, el líder Autor estará fragmentado y contundente, dejando muchas cosas sin finalizar.

POSIBLES PROFESIONES

Autor es el lenguaje número uno de los emprendedores. Por lo general no son diseñadores de software o de computadoras, pero a menudo son dueños de una empresa de software. También pueden ser director general, supervisor o jefe de departamento. Quizá tengan una carrera en el ejército, la abogacía, mercadotecnia, ventas, los cuerpos policiales o la construcción. Pueden trabajar como técnico médico de emergencias, salvavidas, médico o enfermero de emergencias, dueño de un negocio, coach, pastor u orador público. A los Autores les gusta el trabajo que implique acción, cambiar el *status quo*, y una emoción estimulante, con un elemento de riesgo.

Habla a la gente en su propio lenguaje. Si lo haces bien, dirán: "Vaya, él dijo exactamente lo que yo estaba pensando". Y cuando comiencen a respetarte, te seguirán hasta la muerte.

—Ex Director General de Chrysler, Lee Iacocca

CLAVES PARA LA COMUNICACIÓN

Las siguientes ideas son útiles cuando te comunicas con un Autor:

* *Ideas verbales*: Escucha palabras de acción y logro como "hagamos que esto suceda" o "esto es lo que necesitamos hacer". Los Autores quizá te interrumpan si piensan que estás divagando o sacando a la luz demasiados detalles innecesarios. Ellos tienden a hacer afirmaciones impactantes, diciendo cosas como: "Tengo cinco minutos; ¿qué es lo fundamental?", o "Ve al grano".

* *Ideas no verbales*: Los Autores quizá hagan movimientos muy rápidos o varias cosas mientras tú les estás hablando. Puede parecer que tienen un rango de atención muy breve a menos que estén realmente interesados. Tal vez pienses que no estás captando toda la atención de un Autor, pero él o ella raras veces pasan por alto un solo punto. Puede que interrumpan tu conversación para hablar con otros y después regresen. Se aburren o distraen fácilmente debido a su consciencia de la actividad que los rodea y su hipervigilancia o multitarea.

+ *Ideas visuales*: La decoración de un Autor es, a menudo, funcional y de bajo mantenimiento, aunque puede que tengan juegos y artilugios aquí y allá. Los Autores con frecuencia tienen ideas definidas sobre estilo, forma y función. Las paredes de su oficina pueden tener imágenes que presentan acción o aventura; su estilo de vestir es, por lo general, elegante, pero poco complicado.

+ *Frases de afirmación*: Siempre tienes que estar preparado al comunicarte con un Autor. Conoce lo que quieres decir y dilo. *Ofrece puntos claros* antes de los detalles, y después observa atentamente cuánto detalle quiere el Autor. Sus expresiones faciales normalmente te lo dirán. Ofrece soluciones positivas. Dile: "Agradezco tu tiempo, y no ocuparé mucho". Afirma tu razón o motivo para la conversación, como: "Me gustaría tener tu perspectiva sobre esta situación...".

+ *Conducta que puede frustrar a un Autor*: Afirmaciones que culpan, excusas, explicaciones, retoques, o presentar el pasado. La conducta o la conversación inconsistente e incongruente son muy frustrantes para un Autor.

+ *Maneras de motivar a un Autor*: Ve al grano en cualquier encuentro o discusión de negocios. No pases demasiado tiempo fuera del tema. Intenta siempre mostrar beneficios o consecuencias finales. Si tienes un plan o un enfoque innovador, preséntalo. Deja que el Autor sepa que aprecias sus decisiones o logros de vanguardia, y que quieres participar en su plan o innovación.

Las personas que son Autores *tienen* que estar en movimiento. Son llamados a avanzar por lo que ven como posibilidades en el futuro. Su pensamiento hacia adelante y sus dones de innovación los sacan del pasado e incluso del presente, hacia vistas nuevas y a menudo sin ser probadas y nunca intentadas. —Anna Kendall

EJEMPLO DE UN AUTOR FAMOSO

Al haber sido un niño enfermizo, sin tener ninguna destreza corporal natural, y haber vivido mucho tiempo dentro de casa, al principio era bastante incapaz de defenderme cuando me lanzaban al contacto con otros muchachos de antecedentes más duros... Sentía una gran admiración por hombres que eran intrépidos y que podían defenderse en el mundo, y tenía un gran deseo de ser como ellos.
—de *Una autobiografía por Theodore Roosevelt* [3]

Estamos seguros de que el Presidente "Teddy" Roosevelt tenía Autor como su lenguaje principal. En lugar de permitir que el asma que sufría de niño limitara su vida, abrazó el boxeo, la lucha libre, senderismo, alpinismo, montar a caballo y otras actividades. Reformó la corrupta Comisión de Servicio Civil Estadounidense y también el Departamento de Policía de Nueva York. Abordó cualquier reto con entusiasmo y vigor, y fue un consumado

---

3. Consulta en línea: http://www.gutenberg.org/files/3335/3335-h/3335-h.htm.

escritor, intrépido domador de caballos, y naturalista dedicado. Como presidente, estableció muchos parques y bosques nacionales nuevos, comenzó la construcción del Canal de Panamá y amplió la flota de Marina. Ganó el premio Nobel de la Paz de 1906 por sus negociaciones que pusieron fin a la guerra entre Rusia y Japón.

Al hacer campaña para el gobierno de Nueva York en octubre de 1898 ante una gran multitud ruidosa, Roosevelt declaró:

> No vale la pena vivir una vida suave y fácil, si altera la fibra del cerebro, el corazón y el músculo. Debemos atrevernos a ser grandes; y debemos entender que la grandeza es el fruto del trabajo, el sacrificio, y una gran valentía... Para nosotros es la vida de acción, de arduo desempeño de la obligación; vivamos en el deber, esforzándonos con poder; corramos el riesgo de agotarnos en lugar de deteriorarnos.[4]

4. Consulta en línea: http://www.theodore-roosevelt.com/images/research/txtspeeches/604.pdf.

NOTAS

5

HACEDOR: LOGRAR QUE SE HAGA BIEN Y SE FINALICE A TIEMPO

EL ÍCONO DE HACEDOR

El ícono inicial de Hacedor presenta una lista de quehaceres con el sello "finalizado", un ojo para la atención al detalle del Hacedor, una mano que marca como hecho un punto en una lista, y otra mano agarrando un martillo. El nuevo ícono retiene el martillo porque los Hacedores son generalmente muy buenos con sus manos e insistirán en las cosas hasta haber completado la tarea asignada, independientemente de cuál sea su tamaño, naturaleza, o el tiempo que requiera completarla. Y a pesar de todo, dicen: "¡Tiene que hacerse bien!".

El nombre Hacedor está escrito letra por letra sobre escalones que van hacia arriba, simbolizando el modo en que los Hacedores generalmente labran su camino de ascenso en los negocios y lo hacen peldaño a peldaño.

La lista de quehaceres es absolutamente esencial para la existencia diaria de un Hacedor. No hay nada que le guste más al Hacedor como ver escrito en su lista de tareas el símbolo de "terminado". Derivan un orgullo inmenso y satisfacción interior cuando van tachando cada punto en su lista diaria de quehaceres. A los Hacedores les gusta administrar sus vidas, de modo que sus listas les mantienen en la senda y bien organizados.

A la mayoría de los Hacedores les gustan los proyectos a corto plazo que puedan completar o lograr en un día, una semana o un fin de semana. Si un proyecto es demasiado largo y requiere una cantidad enorme de tiempo, quizá tengan problemas para mantenerse "en la tarea". Les gusta ver puntos tachados en su lista con regularidad.

Los Hacedores son observadores, capaces de ver los detalles prácticos y las necesidades físicas que les rodean, detalles que otros pueden pasar por alto o simplemente no observar. Los Hacedores no solo *observan* esos detalles, sino que también se deleitan generalmente en *intervenir* y ayudar a otros a satisfacer esas necesidades prácticas.

LA INTELIGENCIA DEL HACEDOR: PRÁCTICA/CINÉTICA

Hacedor es el estilo de comunicación *número uno* del trabajador autónomo. Con frecuencia, los Hacedores son dueños de pequeños negocios que no tienen empleados o tienen muy pocos. Les gusta trabajar con sus manos. Muchos son ingenieros, contadores, dentistas o carpinteros. Son personas prácticas que ven las necesidades que les rodean y que otros, a menudo, pasan por alto o ignoran totalmente.

Terminar o no terminar nunca es el problema para un Hacedor. ¡Les *encanta* finalizar sus tareas!

¿Has estado alguna vez cerca de alguien que parecía *disfrutar* verdaderamente de estar ocupado? Si eres un "observador de personas", notarás rápidamente que un Hacedor es el individuo que *llega temprano* a una reunión o evento, ¡y es uno de los últimos en irse! No se debe a que le guste hablar con todo el mundo; está ocupado ayudando con lo que se necesite, incluido preparar aperitivos, hacer café o servir bebidas, o imprimiendo copias o folletos y distribuyéndolos. El Hacedor toma muchas notas durante una reunión. Cuando ha terminado, y mientras todos los demás van saliendo, el Hacedor normalmente se encuentra recogiendo las tazas de café vacías y generalmente ayudando a "poner de nuevo en orden" la sala de reuniones. Los Hacedores, por lo general, no dan gran importancia a esta actividad; es casi como si fuera parte de su ADN: hacen lo que les sale de modo natural.

La acción puede que no siempre produzca felicidad... pero no hay felicidad sin acción.
—Benjamin Disraeli, ex primer ministro británico

SÍMBOLO DEL HACEDOR EN LA NATURALEZA

Como los Hacedores, los castores son ajetreados, diligentes, trabajadores, y aparentemente incansables. Normalmente, un Hacedor es imparable cuando ataca un proyecto. También se ha observado a los castores trabajando continuamente hasta que terminan. Roen árboles y los derriban, los arrastran hasta el agua, construyen presas y crean madrigueras para sus familias. Proveen comida y se ocupan de las necesidades prácticas no solo para sí mismos y su familia, sino también para toda la colonia de castores.

Las presas de los castores crean humedales que atraen peces, patos y otras aves, ranas, tortugas y otros animales. De hecho, muchas especies coexisten con los castores dentro de sus presas, especialmente durante los meses fríos. Aunque pueden ser una molestia para agricultores y otros hacendados, estas criaturas ocupadas desempeñan un papel importante en la naturaleza.

Los Hacedores son, con frecuencia, "tan ajetreados como un castor".

Anna y yo estuvimos almorzando recientemente en un restaurante cuando se acercó un hombre. "¿No son ustedes la gente de los Lenguajes de Vida?", preguntó. "Usted vino a nuestra empresa más o menos hace un año y nos hizo un Perfil a todos. No puedo recordar el nombre de mi Lenguaje de Vida, ¡pero sí recuerdo que yo era un castor! Ustedes *hicieron un perfil* a todos en la empresa donde trabaja mi esposa, y le dijeron que ella era un delfín. Ahora, tras veintisiete años de matrimonio, ¡finalmente puedo comunicarme con ella y entenderla!".

COLOR DEL HACEDOR

El naranja es el color relacionado con un incendio, la llama de una vela y, desde luego, el sol, con su efecto vigorizador sobre nuestro mundo. El naranja representa crecimiento, expansión, perseverancia y diligencia; nos estimula y energiza. Esa alerta y energía se observan fácilmente en los Hacedores. El color naranja crea un *ambiente de productividad*, y el Lenguaje de Vida del Hacedor está lleno de habilidades productivas.

Cada mañana, la belleza del amanecer y su color rico y naranja dan al típico Hacedor un día completamente nuevo para alcanzar logros.

Es maravilloso cuánto puede hacerse si siempre estás haciendo.   —Presidente Thomas Jefferson

CARACTERÍSTICAS O ATRIBUTOS POSITIVOS DE LOS HACEDORES

Quienes tienen Hacedor como su lenguaje primario tendrán la mayoría o muchas de las características siguientes. Quienes tienen Hacedor como su segundo o tercer lenguaje, y así sucesivamente, tendrán menos de estas características. *Para más detalles, ver el Apéndice B.*

Atento	Orientado al detalle	Disfruta de servir a otros
Confiable	Leal	Dificultad para decir "no"
Diligente	Finalizador	Ve necesidades inmediatas
Obediente	Disfruta tareas abiertas	Le gusta la rutina
Organizado	Alta energía	Orientado al "ahora"
Puntual	Buen mantenedor	Práctico
Digno de confianza	Útil	Se mantiene ocupado
Toma decisiones rápidas	Trabaja bien tras bastidores	Hace listas
Le gustan metas a corto plazo	Observador	Raras veces se deprime

Aproximadamente el 10 por ciento de la población habla Hacedor como su principal Lenguaje de Vida.

CUATRO CLAVES PARA LA COMUNICACIÓN EXITOSA

1. Responder a la pregunta de filtro: *"¿Estás haciendo tu parte?".*

Los Hacedores ven las cosas prácticas que es necesario hacer. Puede ser sacar la basura en casa, organizar documentos, devolver llamadas telefónicas, hacer café, o mantener las cosas en orden.

A veces, si un Hacedor es el único en el equipo o en la familia que habla el idioma de "Hacedor elevado", otros quizá ni siquiera noten que hay que hacer esas cosas. Si lo notan, fácilmente pueden ignorar esa responsabilidad sin que les importe. Los Hacedores ven esas responsabilidades como necesidades prácticas, como si un foco de luz estuviera dirigido directamente hacia ellas. Internamente, se preguntarán por qué otros no se dan cuenta de esas cosas.

Si estás tratando con un Hacedor elevado, crea el hábito de buscar cosas prácticas que hacer y que agradarían a esa persona. Si es posible, busca también palabras prácticas para describir diversas tareas y obligaciones.

2. Satisfacer la necesidad por parte de otros: *Apreciación y acción*

En su vida personal y profesional, los Hacedores quieren recibir apreciación por una tarea bien hecha. Ya que a ellos mismos les gusta mantenerse ocupados, no aprecian a otros que no parecen estar logrando nada. Pueden percibir erróneamente a alguien que está pensando o planificando, como que no está haciendo nada. Es ahí donde la comunicación es muy importante.

Hay que reconocer tareas y logros finalizados; seas tú el jefe o un compañero de trabajo, necesitas hacer saber al Hacedor que estás contento. Es importante elogiar la tarea finalizada, no a la persona. Recuerda: todos nosotros tenemos necesidades que, cuando son satisfechas, nos hacen sentirnos apreciados, motivados y entendidos.

3. Alentar la pasión: ¡*Finalizar!*

Los Hacedores están orientados a las tareas y les gusta trabajar desde una lista. Se sienten satisfechos cuando pueden finalizar metas a corto plazo y tachar esa tarea de su lista. Los Hacedores llegan a frustrarse mucho si se les dan numerosas tareas y no el tiempo suficiente para terminarlas.

Los Hacedores se desarrollan cuando se cumple su pasión por finalizar. Cuando se les da una lista, de modo natural harán lo posible por completar las tareas a tiempo. Para obtener resultados máximos de un Hacedor, cuando la tarea dada tiene metas a largo plazo, subdivídelas en metas de logro a corto plazo.

4. Validar el carácter: *Confiabilidad*

Es maravilloso cuando se puede confiar en que alguien hará lo que dice que hará. Se siente un gran y satisfactorio confort en estar con esa persona. Los Hacedores son confiables, pero necesitan saber que otros están haciendo su parte, que su trabajo es apreciado, y que tienen tiempo suficiente para completar las tareas recibidas.

Conversa abiertamente y sinceramente de cualquier "expectativa práctica" no expresada previamente que el Hacedor cree que hay que abordar, y ponla sobre la mesa para dialogar. Hacer esto evitará malentendidos futuros. Seas tú un Hacedor o estés trabajando con un Hacedor, este paso de acción es esencial y mantendrá tu negocio o tu hogar discurriendo con suavidad.

> Esfuerzo continuado, y no fuerza o inteligencia, es la clave para desatar nuestro potencial.
> —Winston Churchill, ex Primer Ministro británico

RASGO ESENCIAL A CULTIVAR: DELEGACIÓN

Como los Hacedores son normalmente muy buenos en hacer muchas cosas, con frecuencia es difícil para ellos delegar tareas. Deben comprometerse a hacer que sea una seria meta personal, en especial si quieren avanzar a posiciones de liderazgo.

Los Hacedores, por lo general, no quieren delegar trabajo porque piensan a menudo: "Cuando consiga decirle qué hacer y mostrarle cómo hacerlo, yo mismo ya podría haberlo hecho, y sabría que se hizo correctamente". Por desgracia, esta mentalidad es común en los Hacedores. Sin embargo, quienes ascienden hasta puestos de gerencia pueden aprender el arte de la delegación, y conocemos a muchos Hacedores exitosos que han logrado hacerlo.

HÁBITO DE ÉXITO A DESARROLLAR: PENSAR A LARGO PLAZO/MIRAR HACIA DELANTE

Los Hacedores pueden quedar tan enredados en lo que creen que es una necesidad *inmediata*, que a veces pasan por alto las necesidades importantes de largo plazo.

Por ejemplo, un supervisor Hacedor en una gran empresa estaba frustrado porque la sala de personal se veía muy mal. Las paredes estaban sucias, así que decidió ir el fin de semana y pintarlas. "Una nueva capa de pintura haría que la sala se viera mejor y que los empleados se sintieran mejor", razonó. Y entonces hizo precisamente eso.

Pero este supervisor Hacedor no consultó antes con el gerente; solamente vio una necesidad y la *abordó*. Se ocupó de un problema inmediato, pero desgraciadamente no consultó sobre los cambios de largo plazo más importantes que se estaban fraguando. La empresa planeaba derribar una de las paredes para que la sala fuera más grande.

CASO DE ESTUDIO DE UN HACEDOR

Sandra, una ingeniera que trabajaba para una gran empresa en Texas, estaba muy frustrada con su trabajo. Pensaba que no estaba conectando con los otros ingenieros porque ella era la única mujer en el departamento. Después de haberles hecho un Perfil, sin embargo, descubrimos información muy interesante.

Los ingenieros tenían dos funciones básicas: eran responsables de proveer información técnica al departamento de ventas y a menudo salían a visitas de ventas; y eran responsables de los diseños técnicos y de completar los productos a su debido tiempo. Todos en el departamento de ingeniería tenían las mismas responsabilidades.

Sandra se quejó con nosotros de que la mayoría de los ingenieros charlaban más de lo que trabajaban, y que no parecía preocuparles mucho finalizar a tiempo los trabajos. Los clientes se enojaban, entonces el jefe de operaciones se quejaba con los ingenieros, y los problemas parecían ser cada vez mayores. *Nadie estaba contento.*

El jefe de operaciones, un Autor, nos preguntó si debería sencillamente *despedir a todo el departamento y volver a empezar.* Él sabía que todos ellos estaban altamente cualificados, pero no sabía por qué estaban teniendo tantos problemas de producción.

Tras mirar los Perfiles de Lenguajes de Vida del departamento, el problema estuvo muy claro para nosotros y para el jefe de operaciones. Sandra era la única que tenía Hacedor como su primer Lenguaje de Vida. Dos de los otros ingenieros tenían Influyente como su primer Lenguaje de Vida: eran relacionales, buenas personas y con habilidades de venta. Otro ingeniero tenía Autor como su primer Lenguaje de Vida; era creativo y le gustaba hacer suceder cosas, pero no estaba orientado al detalle. Otros dos ingenieros tenían Contemplador como su primer Lenguaje de Vida; eran brillantes, pero no muy conscientes del tiempo ni orientados a las personas.

Tras un par de días de discusión con nosotros, el jefe de operaciones tomó una decisión importante. Dividió a los ingenieros en dos departamentos con algunas obligaciones y responsabilidades que se solapaban, pero también con otras distintas. Un departamento se enfocaría en diseño y apoyo a las ventas; el otro se enfocaría en diseño, finalización del producto y control de calidad.

Sandra fue ascendida a supervisora de ambos departamentos. Ella no solo era una Hacedora muy orientada al detalle, sino también una perfeccionista práctica que era bien organizada y absolutamente dedicada a finalizar las tareas a tiempo. Su segundo Lenguaje de Vida era Moldeador, lo cual le permitía ver, planear y programar proyectos de largo plazo para cumplir con fechas límite muy importantes.

El jefe de operaciones estaba preparado para recibir quejas de todos los otros ingenieros, pero cuando todos ellos entendieron sus Perfiles de Lenguajes de Vida, estuvieron de acuerdo en que Sandra era la líder perfecta y le apoyaron. Han pasado cinco años y seguimos trabajando con esta empresa. Ellos siguen siendo un equipo muy exitoso y que funciona.

Cuando los Hacedores responden a los eventos de la vida, primero comienzan con acción. Ellos "ven una necesidad y la satisfacen". Para ellos, cualquier cosa que sea necesario hacer es *obvia* y normalmente práctica. Están programados mentalmente para responder; su respuesta a una situación es más automática que alcanzada mediante un proceso de razonamiento. Logran completar más tareas y proyectos que la mayoría de las personas debido a su capacidad de emprender la acción inmediata.

—Anna Kendall

INDICADORES DE PELIGRO: MAQ

1. Martirizado

Los Hacedores pueden sentir que ellos son los únicos que están haciendo algo práctico y productivo, especialmente si son el único Hacedor en el departamento, equipo o familia. No pueden entender por qué otros pasan por alto las necesidades que ellos ven con claridad. Los Hacedores a menudo no consideran que otros se enfocan en lo que es importante para ellos desde sus propias perspectivas personales. Cuando está bajo estrés, es fácil para un Hacedor sentirse martirizado.

2. Acusatorio

Si el estrés continúa, no es inusual para el Hacedor expresar frustración. Quizá dicen cosas como: "Ningún otro hace nunca nada por aquí. ¿Por qué no puede alguno de ustedes limpiar alguna vez la sala de personal?".

3. Quejas

Los Hacedores, entonces, caen en quejarse con otros sobre todo lo que ellos hacen y lo poco que hacen los demás. La queja es una forma de crítica que no está dirigida a ninguna persona específica. Los Hacedores sencillamente van por ahí quejándose.

Recuerda que los indicadores de peligro se muestran cuando la persona ha pasado a una conducta poco sana, normalmente debido a no manejar el estrés de manera saludable. Los Hacedores necesitan recibir apreciación y acción a fin de evitar estos indicadores.

> Unos pocos que hacen son la envidia de muchos que solamente miran.
> —Jim Rohn, emprendedor y orador motivacional

ESTILOS DE LIDERAZGO

+ Práctico

+ Enfocado en las necesidades prácticas e inmediatas de un trabajo

+ Comprometido a crear una organización que sea funcional y fiable

+ Fija el ritmo del equipo

+ Organizado

+ Muestra rasgos de confiabilidad que se hacen evidentes para empleados, clientes, compañeros de trabajo y competidores

+ Maestros: su forma de entrenamiento es más parecida a tener a otros trabajando a su lado mientras ellos enseñan haciendo

+ Felices con listas "de quehaceres", para sí mismos y para los demás

OTROS RASGOS DE LIDERAZGO

Filosofía cultural: "Cada uno de nosotros tiene un trabajo del cual es responsable. Debemos ser diligentes y tenaces en cuanto a completar nuestras tareas *diarias*. Entonces las tareas de largo plazo se realizarán por sí solas".

Una estructura organizacional para tareas y procesos: los Hacedores prefieren que todos los empleados tengan descripciones de trabajo y formación para tareas predecibles. Les gusta que tanto el equipo, las tareas y los procedimientos tengan estructura. Y lo más importante, esperan que cada uno finalice sus tareas.

En la salud, los Hacedores son finalizadores excelentes y prácticos. Son estupendos para asegurarse de que todos los detalles sean completados.

En el peligro, los Hacedores pueden ser mártires no funcionales. En cualquier empleo o entorno donde no se les permita finalizar una tarea antes de que comiencen otros proyectos, el Hacedor puede estar tan estresado que se queda atascado o congelado. A veces pueden *detenerse y cerrarse* por completo.

POSIBLES PROFESIONES

Los Hacedores pueden ser directores financieros, contadores públicos certificados, dueños de pequeñas empresas con pocos o ningún empleado, ingenieros, delineantes, enfermeros, carpinteros, sastres, doctores, dentistas, contadores, desarrolladores de software, técnicos en computación, maestros, abogados, joyeros, libreros, artesanos, secretarios, gerentes de oficina, o trabajar en la manufactura o la construcción. Los Hacedores disfrutan de trabajo que tenga parámetros definidos y controlables. Normalmente son buenos para el trabajo activo y repetitivo.

El secreto de avanzar es comenzar. El secreto de comenzar es dividir tus tareas abrumadoras en tareas pequeñas y manejables... y entonces comenzar con la primera.   —autor Mark Twain

CLAVES PARA LA COMUNICACIÓN CON UN HACEDOR

+ *Ideas verbales*: Los Hacedores no son propensos a mucha charla trivial. Por lo general son bastante profesionales. Preguntarán amablemente: "¿Qué puedo hacer por ti?". Se sienten cómodos dialogando de tareas que es necesario lograr. Escucha palabras de acción. Su lema podría ser fácilmente: "Si es necesario hacerlo, ¡hagámoslo!".

+ *Ideas no verbales*: Los Hacedores puede que tomen notas mientras te escuchan. Se les da bien la multitarea con propósito y tienden hacia los movimientos directos y marcados. Quizá miren su reloj a menudo para asegurarse de seguir el tiempo.

+ *Ideas visuales*: Por lo general tienen oficinas con una decoración funcional y todo en un meticuloso orden. Incluso si utilizan computadoras y teléfonos inteligentes, también tienen calendarios de pared o escritorio (¡a veces ambos!), listas, y pizarras de borrado en seco.

+ *Frases de afirmación*: "Tu trabajo fue excelente. ¡Gracias por terminarlo a tiempo!". "Realmente aprecio tus habilidades de organización." "Aquí está nuestra meta de largo plazo para este año. ¿Podrías ayudarme a dividirla en metas semanales y mensuales de corto plazo?". "Eres increíble en mantener bajo control todos los detalles."

+ *Conducta que puede frustrar a un Hacedor*: Tomar más tiempo del acordado para hacer tareas. Desperdiciar tiempo en charlas que no son del negocio. Rebasar una fecha límite o no hacer algo que prometiste hacer.

+ *Maneras de motivar a un Hacedor*: Hablar en lenguaje sistemático, paso por paso ("primero necesitamos *esto*, y entonces podemos comenzar *aquello*"). Estar dispuesto a ayudarles a no perder de vista el "panorama general". Los Hacedores tienden a involucrarse demasiado en los detalles del día a día. Proveen pautas para la acción.

EJEMPLO DE UN HACEDOR FAMOSO

Tengo una vida y una oportunidad de hacer que cuente para algo... Mi fe demanda que haga todo lo que pueda, dondequiera que esté, siempre que pueda, por tanto tiempo como pueda con lo que tenga, para intentar marcar una diferencia.

—Jimmy Carter[5]

Nacido en 1924, Jimmy Carter lleva una vida ocupada y activa. Comenzó trabajando en la tienda de su padre a los diez años de edad. Estudió ingeniería, se graduó de la Academia Naval estadounidense, y trabajó en el programa de submarinos nucleares de la Marina. Cuando falleció el padre de Carter, él regresó a Plains, Georgia,

---

5. Consulta en línea: http://www.nobelpeacelaureates.org/pdf/Jimmy_Carter.pdf.

para recuperar la granja familiar de cacahuates. Activo en política, fue elegido gobernador de Georgia en 1970, y después presidente en 1976. Los Estados Unidos era un país fuerte, tras haber celebrado su 200 aniversario, pero la secuela del embargo de petróleo, la revolución iraní y la crisis de los rehenes dejaron su marca.

Carter no aflojó. Sus negociaciones con Israel y Egipto condujeron a un tratado de paz histórico. Después de perder en la reelección, Carter continuó defendiendo la paz, los derechos humanos, y la erradicación de enfermedades mortales. Comenzó a trabajar como voluntario para Hábitat para la Humanidad en 1984 y ha ayudado a renovar más de 4300 hogares. En 2002 fue galardonado con el premio Nobel de la Paz.

Carter ha escrito más de treinta libros y aún enseña en la escuela dominical. En su casa, Carter cocina, lava los platos, nada, construye muebles, pinta, y camina diariamente.[6] También pesca y caza. Estamos bastante seguros de que Carter es Hacedor porque se mantiene ocupado haciendo cosas prácticas y finalizando lo que comienza.

> El fracaso es una realidad; todos fracasamos a veces, y es doloroso cuando sucede. Pero es mejor fracasar mientras nos esforzamos por algo maravilloso, desafiante, aventurero e incierto, que decir: "No quiero intentarlo porque quizá no tenga un éxito completo".   —Jimmy Carter [7]

6. Kevin Sullivan y Mary Jordan, "The un-celebrity president Jimmy Carter shuns riches, lives modestly in his Georgia hometown", *Washington Post*, 17 de agosto de 2018.

7. Jimmy Carter, *Sources of Strength: Meditations on Scripture for a Living Faith* (New York, NY: Three Rivers Press, 1997).

NOTAS

6

INFLUYENTE: AMAR LA VIDA
Y A LAS PERSONAS

EL ÍCONO DE INFLUYENTE

El ícono original de Influyente presenta un apretón de manos, que evoca las relaciones; un corazón por la categoría de inteligencia emotiva; confeti y fuegos artificiales simbolizan el modo en que los Influyentes celebran la vida y a las personas; y una pluma y la tarima de artista para representar creatividad.

El nuevo ícono presenta un apretón de manos delante de un corazón porque los Influyentes tienen un gran don de gentes. Tienden a tener muchos amigos y conocidos debido a su personalidad diplomática, discreta y amigable.

También les gusta alcanzar acuerdos entre individuos y grupos. Los Influyentes son persuasivos y pueden lograr que se firmen contratos.

Hay diversión, alegría y disfrute dondequiera que vayan los Influyentes, y raras veces se aburren o son aburridos.

Los Influyentes, por lo general, son buenos en crear o apreciar música, poesía, arte, escultura, libros, arquitectura, decoración, danza, y otros campos artísticos.

También tienen la habilidad para ver soluciones lógicas a las situaciones de la vida, lo cual con frecuencia sorprende a otros. Ellos *sienten* primero, y después *piensan* rápidamente y lógicamente.

> Los Influyentes nos alientan a dar todo lo mejor de nosotros. Nos aceptan como somos y entonces nos alientan a llegar a más. Aportan espontaneidad y alegría a nuestros corazones. —Anna Kendall

LA INTELIGENCIA DEL INFLUYENTE: RELACIONAL/EMOTIVA

¿Conoces a personas que alientan fácilmente y de modo natural a quienes los rodean? Parecen tener el arte de formar relaciones y que a las personas les guste estar con ellos. Un jefe o supervisor Influyente puede destacar tus errores y ofrecer consejo sobre corregirlos de manera positiva.

Los Influyentes son, a menudo, motivadores por naturaleza, y los encontramos en muchas áreas del liderazgo, desde ventas y mercadeo hasta director general de una empresa y presidente de los Estados Unidos.

Los Influyentes son, por lo general, bastante expresivos. De hecho, a veces citamos a Garrison Keller, que hace una fuerte afirmación de Influyente cuando dice: "Yo hablo y hablo hasta que pienso en algo que decir". Sin embargo, no solo hablan fácilmente y diplomáticamente, pues también piensan rápido sobre la marcha, de modo que lo que dicen es por lo general importante, agudo, informativo, inspirador o entretenido. ¡A los Influyentes les gusta disfrutar la vida!

SÍMBOLO DEL INFLUYENTE EN LA NATURALEZA

Como los Influyentes, los delfines son amantes de la diversión, inteligentes, sociales, juguetones y relacionales, y generalmente viven en una comunidad. Sobresalen en encontrar maneras de divertirse, como saltar del agua, nadar rápidamente al lado de los barcos, jugar y salpicarse unos a otros mientras brincan y juguetean.

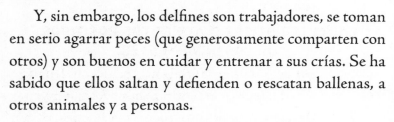

Y, sin embargo, los delfines son trabajadores, se toman en serio agarrar peces (que generosamente comparten con otros) y son buenos en cuidar y entrenar a sus crías. Se ha sabido que ellos saltan y defienden o rescatan ballenas, a otros animales y a personas.

Los delfines son tan inteligentes que la Marina estadounidense los ha entrenado para rescatar a nadadores perdidos o localizar minas submarinas.

COLOR DEL INFLUYENTE

El color amarillo brillante del sol no puede fácilmente ignorarse o pasar desapercibido, y tampoco puede hacerlo un Influyente. Su vestimenta y personalidad simplemente rebosan alegría. El amarillo está relacionado con la luminosidad y la luz radiante; simboliza espiritualidad, entusiasmo, optimismo, intelecto rápido, intuición y carácter juguetón, todas ellas descripciones adecuadas de los Influyentes.

El amarillo se usa a menudo para estimular el aprendizaje. La disposición normalmente positiva del Influyente le ayuda a llegar a ser popular y exitoso.

> Los Influyentes responden a la vida primero con sentimientos, y después inmediatamente por el pensamiento. Acceden automáticamente y casi simultáneamente a sus sentimientos y sus pensamientos. Quienes no entienden esto sobre los Influyentes pasan por alto la profundidad de su estilo de comunicación.   —Anna Kendall

CARACTERÍSTICAS O ATRIBUTOS POSITIVOS DE LOS INFLUYENTES

Quienes tienen Influyente como su lenguaje principal o primario tendrán la mayoría o muchas de las características siguientes. Quienes tienen Influyente como su segundo o tercer lenguaje, y así sucesivamente, tendrán menos de estas características. *Para más detalles, ver el Apéndice C.*

Relacional	Alentador	Encantador
Creativo	Orientado al futuro	Piensa que todos ganan
Entusiasta	Lógico	Flexible
Positivo	Verbal	Alegre
Extrovertido	Optimista	Divertido
Raras veces deprimido	Persuasivo	Cómodo
Trabaja en red	Tolerante	Diplomático
Toma decisiones rápidas	Ofrece soluciones	Tiene muchos amigos
Innovador	Intuitivo	Inclusivo

Aproximadamente el 14 por ciento de la población habla *Influyente* como su principal Lenguaje de Vida.

CUATRO CLAVES PARA LA COMUNICACIÓN EXITOSA

1. Responder a la pregunta de filtro: "*¿Nos estamos comunicando?*".

Los Influyentes quieren conectar y establecer una relación, sin importar cuán breve o larga pueda ser. Su comunicación da en la diana y su excelente don de gentes asegura que establezcan puntos en común.

2. Satisfacer la necesidad por parte de otros: *Afirmación*

Se puede ver y oír a los Influyentes dando a otros lo que ellos mismos necesitan: afirmación. Ellos serán los primeros en reconocer: "un trabajo bien hecho", "fue un discurso estupendo", "tu reporte fue sobresaliente", y cosas similares. Necesitan escuchar afirmación a cambio. Si no hay nadie que pueda hacer eso para el Influyente, él o ella pueden proporcionar esa afirmación mediante la charla consigo mismo.

3. Alentar la pasión: *Alentar*

Los influyentes tienen una pasión innata y natural por alentar a otros y motivarlos a mejorar, o a darlo todo y llegar a ser todo lo que pueden ser. Los Influyentes buscan lo mejor en otros y quieren que crezcan hasta la altura de su potencial.

4. Validar el carácter: *Entusiasmo*

Cuando se cumplen los tres primeros puntos, la calidad de carácter de entusiasmo del Influyente es fortalecida. De otro modo, el Influyente tiene que trabajar realmente en ser entusiasta. Aun así, cuando un Influyente se siente abatido, eso no dura mucho tiempo y pronto vuelve a ser entusiasta. Les resulta aburrida la depresión. Hay que tener en mente que su rasgo clave es que aman a las personas y aman la vida.

> Por favor, no tengas la idea errónea de que un Influyente está solo relleno o hueco porque es entusiasta con respecto a la vida. Ya que sienten y después piensan tan rápidamente, tienen una profundidad increíble, se les ocurren pasos de acción asombrosos, están bien informados sobre muchos temas, y normalmente tienen la palabra adecuada en el momento correcto, para cualquiera y todas las ocasiones. —Anna Kendall

RASGO ESENCIAL A CULTIVAR: DESARROLLAR INTEGRIDAD DE PALABRAS Y PROMESAS

Como los Influyentes son tan positivos en su enfoque de la vida, metas y prioridades, piensan a menudo que ellos y otros pueden hacer más de lo que realmente pueden.

Además, no les gusta decepcionar a las personas. Por lo tanto, un Influyente podría decirle a un cliente: "Sí, podemos entregarlo en la fecha que usted necesita", regresar a la oficina, y entonces descubrir que no es posible que el departamento de ingeniería cumpla con esa fecha de entrega.

Si eres un Influyente y no has vencido esta tendencia, establece salvaguardas muy sencillas para ti mismo. Antes de hacer alguna promesa, consulta con otros para asegurarte de que se puede hacer. Si quieres programar un almuerzo con un cliente, asegúrate de tener abierta la fecha en tu calendario. La actitud positiva del Influyente significa que quieren hacer que sucedan cosas, pero necesitan comprobaciones de realidad.

HÁBITO DE ÉXITO A DESARROLLAR: BALANCEAR HABILIDADES DE HABLAR Y ESCUCHAR

Los Influyentes son normalmente bastante expresivos y, por lo general, tienen algo que aportar en la mayoría de los temas. También parecen conocer sobrenaturalmente los pasos de acción correctos para resolver cualquier problema.

Pero solamente hablar sin escuchar es un verdadero destructor de relaciones, precisamente lo contrario a lo que desean los Influyentes. Pueden aprender a balancear estas dos habilidades, pero requerirá esfuerzo.

Muchas veces, las personas son infelices y no entienden por qué. Abandonan su empleo, y ellos y la gerencia nunca saben las verdaderas razones. Ser la persona adecuada en la posición correcta es crítico.
                                        —Anna Kendall

CASO DE ESTUDIO DE UN INFLUYENTE

¡Trabajar en la posición errónea puede ser mortal!

Durante un receso en la tarde en un taller para una empresa de seguros, una de las empleadas nos pidió que viéramos su Perfil Kendall de los Lenguajes de Vida porque tenía algunas preguntas. Su Lenguaje de Vida principal era Influyente, y por eso dijimos que probablemente tenía muchos amigos, era optimista, le gustaba alentar a otros, le gustaba hablar, etc. Entonces le preguntamos cuál era su puesto. Nos sorprendió saber que trabajaba en el departamento de nóminas.

"¿Significa eso que trabajas en un cubículo, tienes poca relación con otros empleados, y tienes que hacer un trabajo bastante tedioso y repetitivo?", le preguntamos.

"Eso lo describe bastante bien."

Le dijimos que podría ser más feliz trabajando con el público, y ella respondió rápidamente.

"Ah, por favor, ¡no le mencionen eso a nadie! Este es el mejor empleo que he tenido nunca, y soy mamá soltera. Realmente necesito este empleo."

Acordamos no decir nada y continuamos con el taller.

Unos meses después, la jefa de recursos humanos llamó y preguntó si recordábamos a una empleada llamada Julie en nóminas. Sí la recordábamos: era la Influyente.

"Bueno, no van a creerlo, pero hace una semana tuvo un grave ataque al corazón y tiene solamente cuarenta y ocho años. Los médicos estaban asombrados."

La empresa le estaba guardando el puesto a Julie, pero la jefa de recursos humanos estaba mirando el Perfil de Lenguaje de Vida de Julie y quería hablar sobre ello. Cuando comenzamos a explicarlo, ella dijo:

"Entonces, parece que ella debería estar en un puesto que trate con el público, ¿no es cierto?".

Nosotros estuvimos de acuerdo enfáticamente.

Seis meses después, tras recuperarse de su ataque al corazón, Julie fue ubicada en una posición lateral trabajando de cara al público, donde prosperó.

No estamos diciendo que estar en la posición errónea causara su ataque al corazón, pero el estrés de hacer algo para lo cual estaba entrenada y calificada, *pero no dotada o contenta de hacerlo,* sin ninguna duda influyó. Según el *American Journal of Hypertension* (*Boletín Americano sobre Hipertensión*) depresión, estrés y ansiedad pueden aumentar el riesgo de una persona de enfermedad cardiovascular.[8] Necesitamos disfrutar de nuestro trabajo y de nuestras relaciones.

> Haz algo que te apasione, haz algo que ames. Si estás haciendo algo que te apasiona, naturalmente vas a tener éxito. La vida es demasiado corta para trabajar donde careces de la pasión para estar ahí.
> —Mary Barra, CEO de General Motors

---

8. https://academic.oup.com/ajh/article/28/11/1295/2743312 (consultado en línea 21 de septiembre de 2018)

INDICADORES DE PELIGRO: NAE

Ya que los Influyentes necesitan afirmación, sus indicadores de peligro son:

1. Negación

Negarán que haya algo incorrecto, o que ellos hicieron algo incorrecto, o que fuera algo de mucha importancia, o... Ya te haces una idea.

2. Argumentación

Los Influyentes son generalmente bastante buenos en el debate. Si están en peligro, argumentarán. También pueden ser acusatorios.

3. Escape

Si las cosas son estresantes y otros son argumentativos, un Influyente buscará un modo de escapar, al menos durante un periodo breve. Pueden salir de la oficina o tomarse un descanso para un café, simplemente alejarse de la situación.

Si este ciclo de conducta continúa y no se trata de modo saludable, el Influyente posiblemente repetirá el ciclo. Pueden detener los peligros mediante la consciencia de sí mismos, tomar una decisión de abordar el problema, o recibiendo ayuda de otros.

ESTILOS DE LIDERAZGO

- Líderes de perfil alto que creen en compartir el foco de atención
- Comprometidos con el crecimiento propio y de aquellos a quienes lideran

- Motivador, inspirador y persuasivo

- Alentador

- Proactivo

- Orientado al futuro

- Enfocado en soluciones

- Relacional

OTROS RASGOS DE LIDERAZGO

Los influyentes tienden a expresar una visión para que otros la sigan. También tienen estos rasgos:

Filosofía cultural: "Si construimos relaciones mediante una buena comunicación, buscando soluciones positivas que nos permitan trabajar juntos hacia metas mutuas, seremos capaces de superar a cualquiera".

Estructura organizacional de un Influyente: Trabajo en red. "Construimos redes de trabajo y nos apoyamos unos a otros mediante la comunidad."

En la salud, los Influyentes son motivadores.

En el peligro, son manipuladores.

POSIBLES PROFESIONES

Los Influyentes pueden ser directores generales, supervisores, directores de departamento, políticos, evangelistas, oradores públicos, artistas, músicos, autores, decoradores, arquitectos, diplomáticos, abogados, o dueños de empresas. Pueden trabajar en mercadeo, ventas, publicidad, radio o televisión. Los Influyentes disfrutarán de cualquier profesión que esté orientada a las personas y sea creativa.

IDEAS PARA LA COMUNICACIÓN

+ *Ideas verbales*: Un Influyente es una persona con habilidad de relacionarse con personas, interactiva socialmente y muy agradable con compañeros de trabajo y clientes. Hacen que cada persona se sienta especial, hacen elogios y dan aliento, y utilizan palabras inclusivas. Un Influyente preguntará con sinceridad: "¿Cómo estás?" o ¿Qué novedades tienes?". Te dirán que luces estupendo. Si tienes un problema, dirán: "Conozco a la persona que tienes que conocer" porque les encanta conectar con las personas. Los Influyentes son alentadores y optimistas; disfrutan de las personas y de la vida.

+ *Ideas no verbales*: Los Influyentes pueden llegar tarde. Tienen imágenes, fotos y objetos divertidos en su escritorio. Fácilmente dan un abrazo o unas palmaditas en la espalda. Pueden extender ambas manos para agarrar la tuya al saludar. Quizá sientas que has conocido por mucho tiempo a un Influyente, aunque no sea así. Generalmente tranquilizan a las personas. Salen de detrás de un escritorio para sentarse contigo.

+ *Ideas visuales*: El escritorio de un Influyente puede parecer desorganizado y desordenado. Son propensos a entornos creativos y decoración colorida. Generalmente visten con estilo. A los Influyentes les gusta el sonido y el color, la estimulación visual y auditiva.

+ *Frases de afirmación*: Reafirma sus habilidades y sé alentador. "Visitar tu oficina es el punto positivo de mi día", "Realmente es un placer estar cerca de ti". Diles, "sé que tienes pensamientos e ideas creativos". Expresa interés y afirma sus gustos personales, estilos de moda y decisiones.

+ *Conducta que puede frustrar a un Influyente*: Ten en mente que los Influyentes creen que se pueden manejar situaciones negativas de maneras positivas; por lo tanto, son frustrados por la negatividad o la queja, especialmente cuando otros no buscan soluciones. Tampoco aprecian a las personas que ceden a la autocompasión en lugar de buscar entendimiento o ayuda.

+ *Maneras de motivar a la acción a un Influyente*: Pídeles que sean un recurso y aporten sus ideas. Si tienes energía y pasión por un proyecto, producto o procedimiento, ellos serán más propensos a intervenir con su propia energía y pasión. Deja que el Influyente use su creatividad. Le encanta el trabajo en red, conectar con las personas, las presentaciones entusiastas, y crear emoción.

EJEMPLO DE UN INFLUYENTE FAMOSO

Nos corresponde a nosotros construir el futuro. Superar los riesgos y los temores de algunos puede que sea difícil, pero estoy convencido de que el reto vale la pena. Las mayores victorias llegan cuando las personas se atreven a ser grandes, cuando reúnen sus espíritus para desafiar lo desconocido y avanzar juntos para alcanzar un bien mayor.

—Ronald Reagan[9]

El Presidente Ronald Reagan tenía las características de un Influyente: carismático, amante de la diversión, persuasivo, optimista y alentador. Se le recuerda a menudo por dos cosas: poner fin a la Guerra Fría y ser "el Gran Comunicador".

Nacido en Illinois, en 1911, Reagan estudió en la Universidad Eureka con una beca deportiva, con economía y sociología como asignaturas principales. Era activo en los deportes, fungió como presidente del consejo estudiantil, y actuó en obras de teatro universitarias. Después de graduarse, Reagan trabajó como publicista deportivo en Iowa, después se mudó a California, hizo una prueba de cámara, y comenzó su carrera en el cine. Tras aparecer en más de cincuenta películas, presentó un programa de televisión y después dio el salto a la política.

Reagan tenía un modo de hablar claro que las personas entendían. Y su naturaleza alegre se mostraba incluso cuando confrontaba a un oponente. Cuando se presentaba a la reelección y debatía con Walter Mondale en 1984, Reagan dijo: "No haré de la edad un problema de esta campaña. No voy a explotar, con propósitos políticos, la juventud e inexperiencia de mi oponente". Mondale se rió,

9. Ronald Reagan Presidential Library & Museum, "Remarks to Chinese Community Leaders in Beijing, China", 27 de abril de 1984 (https://www.reaganlibrary.gov/sspeeches/42784a).

junto con la audiencia. Reagan tenía entonces setenta y tres años.

> No fui un gran comunicador, pero comunicaba grandes cosas, y no salieron de mi frente, salieron del corazón de una gran nación: de nuestra experiencia, nuestra sabiduría, y nuestra creencia en principios que nos han guiado durante dos siglos.
> —Ronald Reagan [10]

---

10. Ibid., "Farewell Address to the Nation", 11 de enero de 1989.

NOTAS

7

RESPONDEDOR:
SENTIRSE ENERGIZADO

EL ÍCONO DE RESPONDEDOR

El nuevo ícono mantiene los elementos principales del original: una mano extendida que sostiene un corazón que representa la categoría de inteligencia emotiva y el deseo del Respondedor de acercarse a otros con interés y compasión. Otros elementos del ícono inicial son un pincel y un lápiz, que atienden a la creatividad del Respondedor; el diseño de un diamante que significa una personalidad multifacética; y una portería, ya que los respondedores tienden a ser orientados a las metas.

Los Respondedores tienen un deseo natural de tocar las vidas de quienes tienen necesidad y ayudarlos a aliviar su dolor emocional, en especial durante una crisis.

Los dos Lenguajes de Vida emotivos, Influyente y Respondedor, conducen a expresiones de creatividad artística, o una apreciación de ella, como música, poesía, arte, escultura, libros, arquitectura, decoración y danza. Han tocado los corazones y las mentes de individuos en todo el mundo, hasta el inicio de la historia de la que se tiene registro.

Los Respondedores tienen el potencial de lograr un gran bien porque poseen la capacidad de interesarse profundamente; pero a veces los Respondedores pueden ser como un diamante en bruto, y necesitan que otros crean en ellos y les ayuden a descubrir su propio potencial. Los Respondedores son conocidos por tener las emociones a flor de piel. Cuando son conscientes de la necesidad de alguien, inmediatamente sienten compasión y responderán con gran interés y cuidado. Por desgracia, algunos individuos jugarán con la compasión de los Respondedores y se aprovecharán de ellos. Los Respondedores deben guardar su corazón contra esta conducta.

Cuando los Respondedores se han comprometido apasionadamente con algo, tienden a envolverse en ellos, ya sea un proyecto, una tarea, persona o empleo.

LA INTELIGENCIA DEL RESPONDEDOR: RELACIONAL/SENTIMENTAL

¿Conoces a personas que son sensibles y conscientes de otras personas que les rodean? Estas personas parecen saber instintivamente cuando alguien está triste, herido o enojado. Los Respondedores saben cuándo *algo no va bien*, incluso cuando el individuo en crisis no ha dicho nada y sus expresiones faciales no han mostrado dolor o angustia. Los Respondedores son muy protectores de personas con las que trabajan y que les importan.

Los Respondedores quizá sean sensibles, pero de ninguna manera son débiles. Respondedor es el Lenguaje de Vida número uno para hombres y mujeres que practican deportes de contacto, especialmente quarterbacks en el fútbol americano, jugadores de tenis y boxeadores. La palabra *emoción* significa "energía en movimiento". Los *sentimientos* vigorizan a los Respondedores y a quienes practican deportes a hacerlo con una energía aparentemente interminable.

> Si pudiera hablar con el corazón, diría que lamento cada palabra y pensamiento desagradables que he tenido jamás.
>
> —Terry Bradshaw
> analista deportivo en televisión y ex quarterback

Los Respondedores tienden a poner pasión en todo lo que hacen. Para ser exitosos, necesitan sentirse apasionados con respecto a su trabajo, su producto o su misión. Hacer algo *en lo que creen* es la sangre de su vida.

Los Respondedores responden a la vida primero con sentimientos, después con sus acciones, y a continuación pensando. Por lo general, prefieren obtener consenso *antes* de tomar una decisión importante.

SÍMBOLO DEL RESPONDEDOR EN LA NATURALEZA

Como los Respondedores, los perros *collie* son amorosos, afectuosos, valientes, enérgicos, protectores, majestuosos y con frecuencia heroicos. Los Respondedores viven para rescatar personas que sufren o están aparentemente perdidas. De modo similar, un *collie* puede correr sin miedo para salvar a quienes ama, incluso cuando eso lo sitúe en el camino del peligro. Los *collie* parecen tener la increíble habilidad de mostrar amor y aceptación incondicionales. Son sensibles y cariñosos, y a la vez fuertes y protectores.

COLOR DEL RESPONDEDOR

El color del Respondedor, violeta o púrpura, ha sido el color de la realeza por miles de años. El tinte púrpura era raro en tiempos de antaño, de modo que era prohibitivamente caro, y con frecuencia los plebeyos tenían prohibido vestir ropa color púrpura.

El púrpura también está relacionado con honor, espiritualidad, autoestima, creatividad, imaginación, afecto y pasión. El Corazón Púrpura se les otorga a miembros de las fuerzas armadas que son heridos de guerra, o se entrega póstumamente al familiar más cercano. Esta medalla de combate significa un gran sacrificio personal.

CARACTERÍSTICAS O ATRIBUTOS POSITIVOS DE LOS RESPONDEDORES

Quienes tienen Respondedor como su lenguaje principal o primario tendrán la mayoría o muchas de las características siguientes. Quienes tienen Respondedor como su segundo o tercer lenguaje, y así sucesivamente, tendrán menos de estas ca-racterísticas. *Para más detalles, ver el Apéndice D.*

Tolerante	Verbal	Segundo lenguaje visible
Relacional	Disponible	Fácilmente abraza o da la mano
Se acerca	Compasivo	Protector
Responde físicamente	Muchos amigos, pero pocos cercanos	Le gusta complacer
Pacificador	Creativo	Humilde
Deportista	Sensible	Prefiere amigos individuales
Amable	Le gustan los deportes de contacto	Apoya a los desfavorecidos
Orientado al "ahora"	Le gusta la aprobación	Leal
Sincero	Energía emocional	Lleva cargas

Aproximadamente el 33 por ciento de la población habla Respondedor como su principal Lenguaje de Vida.

Respondedor es el Lenguaje de Vida que se habla más frecuentemente como un primer estilo de comunicación. Si hablas Respondedor y Hacedor, hablarás los lenguajes de vida preferidos de *más de la mitad* de la población.

El mundo está lleno de personas que sufren, y los Respondedores desean ayudar a otros haciendo que su dolor emocional se aleje. Ya sea este tu primer o último Lenguaje de Vida, deberíamos ser agradecidos por estas personas que se interesan y que quieren ayudarnos a crecer y vencer obstáculos en nuestro camino.   —Anna Kendall

CUATRO CLAVES PARA LA COMUNICACIÓN EXITOSA

1. Responder a la pregunta de filtro: "*¿Realmente te importo yo... y qué hay de los que me importan a mí?*".

Al hacer saber a los Respondedores que sí te interesas, ellos en cierto sentido pondrán su vida por ti. La vieja expresión "no me importa lo que sepas hasta que sepa lo mucho que te importa" la debió haber dicho un Respondedor.

2. Satisfacer la necesidad por parte de otros: *Aceptación incondicional*

Esto no es lo mismo que aprobación incondicional. Podemos aceptar a otra persona sin aprobar sus acciones. Para un Respondedor, este mensaje tiene que comunicarse alto y claro. Los Respondedores son sensibles, y cualquier palabra o comentario enojado, crítico o de desaprobación puede ser devastador. Aunque podemos corregirlos, las palabras que utilicemos deberíamos pensarlas con antelación.

Los Respondedores también necesitan ser entendidos y escuchados. En las relaciones importantes es vital un fuerte grado de confianza. El Respondedor necesita saber que puede compartir sentimientos y saber que será entendido, y no juzgado. Se siente conectado cuando ambos comparten sus sentimientos. En el entorno laboral es importante que los supervisores y ejecutivos aprendan a dirigir a los Respondedores entendiendo esto. Los Respondedores se interesan tan profundamente por los demás que pueden ser empleados y compañeros de trabajo muy valiosos, así como amigos de confianza.

3. Alentar la pasión: *Agradar y proteger*

Los Respondedores tienen una pasión innata y natural por agradar a unos y proteger a otros. En una empresa con la que trabajamos, un supervisor de departamento era conocido por defender y proteger a sus empleados. Él esperaba ser tratado justamente por sus propios jefes y quería que quienes estaban bajo su autoridad también fueran tratados justamente.

Si un jefe envía señales que expresan que nada de lo que hace un empleado Respondedor es bastante bueno, esa persona finalmente se irá. Por el contrario, si el jefe envía el mensaje de que le agradan el trabajo y el Respondedor, el empleado será imparable.

4. Validar el carácter: *Compasión*

Los Respondedores saludables son sensibles a las necesidades, sufrimientos o problemas que les rodean, y su compasión natural es a menudo lo único que se necesita para producir soluciones y que una organización funcione suavemente.

Ya que los Respondedores se interesan profundamente y muestran compasión, son muy necesarios en todo el mundo. Creemos que por eso hay más Respondedores que cualquier otro de los 7 Lenguajes de Vida. Los Respondedores tienen un potencial tremendo para el bien.   —Anna Kendall

RASGO ESENCIAL A CULTIVAR: RESPONSABILIDAD

No queremos dar a entender que los Respondedores son irresponsables; sin embargo, quienes lo hablan como su Lenguaje de Vida primario manejan a menudo prioridades que compiten. Unido al deseo de agradar de los Respondedores, está la tendencia a operar en el "ahora". Si no se han disciplinado a sí mismos, fácilmente pueden demorarse en su trabajo y tal vez no entiendan por qué. Por ejemplo, un Respondedor se prepara para salir a una cita que fue programada hace un mes atrás y entonces entra un cliente en la oficina. El Respondedor se interesa por ayudar al cliente, y termina perdiéndose la cita programada o llegando tarde.

Para muchos Respondedores, tener que reprogramar citas es una situación regular. Para remediar el problema, pueden forzarse a sí mismos a ceñirse a un horario estrictamente definido. Esta disciplina con un horario y calendario de eventos es con frecuencia un rasgo que un Respondedor tiene que cultivar y trabajar continuamente si quiere operar con eficacia, tanto en el hogar como en el trabajo.

HÁBITO DE ÉXITO A DESARROLLAR: PROFESIONALIZAR, NO PERSONALIZAR

Los Respondedores son personalmente muy sensibles. Si reciben críticas o son dejados fuera en un evento o reunión, pueden sentir que algo sucede con ellos. Cierta charla consigo mismos puede ayudarles a "profesionalizar" en lugar de "personalizar". Deben llegar a entender que *todo el mundo* es criticado ocasionalmente o dejado fuera de reuniones. Y todos hacemos llamadas telefónicas que nunca son devueltas.

El ingrediente principal aquí es la objetividad: la capacidad de ver el panorama general y ambos lados de una situación. El mundo no gira en torno a nosotros, ni tampoco todo lo que sucede en él nos implica. ¡Está bien! Podemos dejarlo ser y seguir adelante.

CASO DE ESTUDIO DE UN RESPONDEDOR

El miembro del consejo directivo de una gran organización sin fines de lucro en California nos pidió que hiciéramos un Perfil a todo su personal ejecutivo y miembros del consejo. Tenía algunas reservas sobre el nuevo director general y quería saber cómo ayudarlo. Al revisar el Perfil de Lenguajes de Vida de todos ellos, descubrimos que el director general era un Respondedor muy marcado. De hecho, su segundo Lenguaje de Vida estaba a cuarenta puntos de distancia. Era como si él permaneciera en Respondedor, y si acudía a sus otros estilos de comunicación, parecía *caerse por un precipicio* y no podía acceder a ellos fácilmente.

Esta organización trabajaba con las personas sin hogar y tenía varias ubicaciones. El director general era maravilloso trabajando con los hombres y las mujeres que acudían a él en busca de ayuda. Era sensible a sus necesidades, sus sufrimientos y quebrantamiento, sabía alentarlos a creer en sí mismos, y les ofrecía mucha esperanza. También era asombroso para recaudar fondos.

Pero no estaba entrenado para dirigir los aspectos empresariales de esta organización. Había sido un buen amigo del exdirector general y había ascendido debido a su éxito en ayudar directamente a las personas. También tenía tendencia a creer a las personas que acudían a él con las soluciones a problemas, sin ver el panorama general o tomar el tiempo para evaluar toda la información.

Por lo tanto, trabajamos con este director Respondedor y el consejo directivo para usar sus fortalezas en interesarse por las personas sin hogar mientras su equipo de personal se ocupaba del papeleo y administraba los recursos, la facturación y los presupuestos. Él les dio supervisión y perspectivas de las personas a las que servían. Su equipo y él eran leales mutuamente, y la organización estableció un entorno de trabajo estupendo. Volvimos a visitarlos y les dimos más formación sobre los Lenguajes de Vida cada tres meses y después cada seis meses. Seguimos estando en contacto con ellos anualmente, o cuando había un conflicto o una necesidad de contratación crítica.

Tras varios años, el Respondedor dejó el puesto de director general y el consejo directivo lo sustituyó por un Moldeador/Autor muy capaz. Su estilo de liderazgo era diferente, pero era experto en planificación a largo plazo y fomentar el crecimiento y el éxito de la organización. Pensamos que el entrenamiento continuado en los Lenguajes de Vida a lo largo de los años ayudó a asegurar una transición tranquila.

INDICADORES DE PELIGRO: QAD

1. Queja

Los Respondedores que están bajo estrés tienden a desatar una serie de quejas personales y enojadas sobre tareas actuales. Por ejemplo, podrían decir: "¿Por qué no hiciste lo que te pedí?", o "Sabías que esto era importante para mí, pero no lo hiciste", o "No parece importar lo que te pido". Algunas de estas quejas pueden ser no verbales e interiorizadas, pero sentidas profundamente cuando un Respondedor tiene estrés. Por desgracia, los Respondedores tienden a interiorizar sus problemas personales o de trabajo, de modo que pueden causar agitación en su entorno laboral. Cuando está en modo de indicador de peligro, un Respondedor puede comenzar a tener sentimientos que quizá ni siquiera estén relacionados con el problema ni sean relevantes para la situación.

2. Acusación (que a menudo parece un ataque)

Tras un tiempo, si la queja inicial no funciona, un Respondedor quizá comience a atacar a un compañero de trabajo, amigo o familiar con frases que comienzan con: "Tú nunca" o "tú siempre...". Las acusaciones de ataque pueden llegar a ser más fuertes y más dolorosas verbalmente, en especial para la persona que es atacada. El Respondedor puede meditar en esos sentimientos y evocarlos.

3. Inicio de una depresión

El Respondedor, tras acusar o atacar, puede entonces comenzar a sentirse indefenso y desesperanzado, y después deprimido. Si el ciclo de ataque se convierte en un patrón frecuente, el Respondedor se sentirá atascado. Quizá necesite obtener ayuda profesional para abordar este problema continuado. Un Respondedor siente las cosas muy profundamente, tanto las buenas como las malas. Los marcados altibajos no son inusuales. Aunque los Respondedores tienen un potencial asombroso para el bien porque se interesan y sienten tan profundamente, sin embargo pueden crear inconscientemente problemas poco saludables para sí mismos y para quienes los rodean si se aferran a sentimientos negativos. Pueden sabotear, sin darse cuenta, sus propias relaciones personales y carreras profesionales.

ESTILOS DE LIDERAZGO

+ Profundamente leal

+ Compasivo

+ Interesado por el bienestar de los individuos bajo su cargo

+ Apasionado por una causa o meta, se envuelven en ella, implacable en sus búsquedas

+ Sensible a las necesidades de otros

+ Protector

+ Pacificador

OTROS RASGOS DE LIDERAZGO

Filosofía cultural: "Tenemos un trabajo que hacer, así que vamos a apoyarnos y cuidarnos unos a otros mientras alcanzamos nuestra meta".

Estructura organizacional: equipos. Y el Respondedor, más que ningún otro Lenguaje de Vida, puede adoptar el estilo de liderazgo de su segundo lenguaje.

En la salud, los Respondedores son altruistas.

En el peligro, son ensimismados.

POSIBLES PROFESIONES

Los Respondedores pueden ser directores generales, artistas, músicos, autores, decoradores, arquitectos, vendedores publicitarios, maestros de escuela, consejeros, trabajadores sociales, recepcionistas, supervisores, psicólogos, terapeutas, pastores, enfermeros, médicos de familia, y deportistas profesionales, especialmente jugadores de hockey, de fútbol y boxeadores.

CASO DE ESTUDIO DE OTRO RESPONDEDOR

Los Respondedores son "visibles en segundo Lenguaje", lo cual quiere decir que su estilo de comunicación es generalmente tan claro y transparente que su segundo Lenguaje de Vida resplandece. A la luz de esto, y también del hecho de que Respondedor es el Lenguaje de Vida principal de casi una tercera parte de la población, queríamos compartir otro caso de estudio sobre un Respondedor.

Hicimos un perfil a los siete socios veteranos en un pequeño bufete de abogados. El Perfil de James inicialmente sorprendió a todos en la sala, incluidos nosotros mismos, aunque él era amigo personal y nos conocíamos desde hacía varios años. Su estilo primario de comunicación era Respondedor, con 5 puntos de distancia de su segundo lenguaje: Moldeador. Él fue el único que obtuvo más de un 50 por ciento de Respondedor. Los otros socios veían a James como fuerte Moldeador, pero no como Respondedor. Dialogaron sobre este fenómeno inesperado.

"Bien, tendemos a darle a James todos los clientes que parecen tener problemas emocionales porque él los maneja mejor que el resto de nosotros", dijo uno de los abogados.

"Supongo que lo que todos vemos es que su Moldeador es muy fuerte", observó otro. "Pero ahora que lo pienso, todos sus clientes lo aman y el resto de nosotros no obtenemos esa misma respuesta de *nuestros* clientes."

Todos estaban de acuerdo en que James era un abogado enfocado, estratégico y organizado que gana sus casos; pero también entendieron que siempre que alguien en el bufete tenía un problema personal, acudía a James.

Al estudiar el filtro, las pasiones y necesidades de un Respondedor, dijeron: "No tratamos de ese modo a James". Nosotros preguntamos a James si le gustaría que se comunicaran con él como Respondedor, y dijo que sí. Los otros socios quedaron asombrados por esta revelación.

Más adelante, hablando con James en privado, supimos que se sentía devaluado y en cierto modo poco apreciado. Aunque era un abogado exitoso que ganaba mucho dinero, había hablado con su esposa sobre dejar el bufete. Ahora, desde que los otros socios habían acordado tratarlo como Respondedor, James renovó su compromiso con ellos. Hasta la fecha sigue felizmente en el bufete.

CLAVES PARA LA COMUNICACIÓN

+ *Ideas verbales*: Un Respondedor es una persona sensible y compasiva que se interesa por ti y por todos los que están en su equipo o en su familia. Escucha más palabras de sentimiento que de pensamiento: "¿Cómo te sientes sobre esta decisión?", o "Deja que comparta contigo". A los Respondedores les gusta mantener la paz y buscar maneras pacíficas de manejar situaciones intensas. Son relacionales y prefieren el contacto individual con otros.

- *Ideas no verbales:* Por naturaleza, se acercan y tocan el brazo o la mano, o dan a la persona con la que hablan una palmadita en la espalda. Deben ser cuidadosos con esos toques físicos en el entorno corporativo actual. Los Respondedores pueden reír fácilmente con otros y llorar con ellos cuando sienten dolor. Los hombres Respondedores son lo bastante fuertes para mostrar que pueden ser tiernos y cariñosos.

- *Ideas visuales:* Decoración cálida de la oficina con fotografías y recuerdos de familiares y amigos. Pueden mostrar intereses en arte, música, escritura o deportes, y tienen frases motivacionales en las paredes de su oficina.

- *Frases de afirmación:* Los Respondedores se toman un interés personal y compasivo por otros. Preguntarán: "¿Cómo estás? ¿Y cómo está tu familia?". Los compañeros de trabajo lo aprecian realmente cuando un supervisor recuerda los nombres de sus familiares. Ten cuidado con cómo planteas una pregunta a un Respondedor. Por ejemplo, no preguntes: "¿Qué piensas sobre...?". En cambio, di: "¿Cómo te sientes sobre...?".

- *Conducta que puede frustrar a un Respondedor:* Pedirle que tome una decisión *en el acto*. A menos que uno de sus otros Lenguajes de Vida, como Autor o Influyente, tenga una alta puntuación, prefieren tomarse su tiempo y obtener consenso. Mientras más seguros de sí mismos sean, más rápidamente tomarán una decisión. Además, hacer demasiadas demandas a la vez a un Respondedor dará como resultado ninguna resolución. No les va bien en una atmósfera de conflicto y confusión.

◆ *Maneras de motivar a un Respondedor*: Mostrar interés y preocupación antes de demandar acción. Cuando un Respondedor sabe que te interesas, hará todo lo que pueda por ti. Como ya dijimos, el lema de los Respondedores podría ser fácilmente: "No me importa lo mucho que sepas hasta saber lo mucho que te importa". De nuevo, al tratar con Respondedores, usamos palabras como *sentir, compartir* e *importar*. Los Respondedores se sienten conectados cuando los escuchas y compartes algunas cosas sobre tus propios sentimientos. O aun mejor, cuando compartes algunas cosas sobre lo que a ellos les interesa.

EJEMPLO DE UN RESPONDEDOR FAMOSO

Difunde amor dondequiera que vayas. Que nadie acuda nunca a ti sin irse más feliz.

—Madre Teresa[11]

Nacida en Albania en 1910, la madre Teresa (Santa Teresa de Calcuta) hizo sus votos religiosos formales a los veintiún años de edad, escogiendo llevar el nombre de la patrona de los misioneros. Después de trabajar como maestra en India durante casi dos décadas, en 1948 recibió permiso para dejar su convento e ir a vivir entre "los más pobres de los pobres", en Calcuta. Dos años después fundó las Misioneras de la Caridad para cuidar de personas que no podían ocuparse de sí mismas y no tenían a nadie.

11. Consulta en línea: https://www.catholic.org/clife/teresa.

La madre Teresa y sus monjas los alimentaban, los vestían, los aseaban, oraban por ellos, y les daban un lugar donde vivir... o morir con dignidad, con comodidad, en lugar de que estuvieran en las calles de las ciudades. Hoy día, la Orden de las Misioneras de la Caridad incluye a más de cinco mil religiosas y setecientos hogares que sirven a los pobres y marginados en todo el mundo.

Aunque algunos llamaron "una santa viviente" a la madre Teresa, ella también mostró su humanidad. Se enojaba si sentía que la dejaban fuera de una reunión intencionadamente. Si a sus monjas les negaban visados de trabajo, se lo tomaba de modo personal diciendo: "Me llevaré a mis muchachas".[12] También fue llamada "una dictadora benevolente" porque tenía su propio modo de lograr que las personas hicieran las cosas como ella quería. Si recibía una invitación para ver al Papa, llevaba a otras personas con ella; y ningún guardia podía detenerla.[13]

Los Respondedores se interesan profundamente por los sufrimientos y dolores de otros, como hacía la madre Teresa. Ella también tenía pasión de Respondedor cuando protegía a sus monjas o a las personas pobres a las que servía.

No es cuánto hacemos, sino cuánto amor ponemos en lo que hacemos. No es cuánto damos, sino cuánto amor ponemos en lo que damos.

—Madre Teresa[14]

12. Hector Welgampola, "Mother Teresa's Anger Had a Subtle Message: Veteran Journalist Recalls His Two Encounters with Mother Teresa", *Matters India*, Agosto de 2016

13. Leo Maasburg, *Mother Teresa of Calcutta: A Personal Portrait: 50 Inspiring Stories Never Before Told* (San Francisco: Ignatius Press, 2011).

14. Mother Teresa, *No Greater Love* (Novato, CA: New World Library, 1997).

NOTAS

8

MOLDEADOR: LIDERAR EL GRUPO

EL ÍCONO DE MOLDEADOR

Una mano mueve una pieza de ajedrez en una tabla con cuadrados etiquetados como "A" y "Z" en el ícono original de Moldeador. También hay un planeta, indicativo del enfoque de la vida del Moldeador, con grandes sueños y grandes visiones, y una gráfica con *El Pensador* de Rodin sobrepuesto.

El nuevo ícono presenta un planeta que se ha abierto para revelar piezas de ajedrez y barras de gráficas en la mente de una cabeza que representa la categoría de inteligencia cognitiva. Todos son indicativos del pensamiento estratégico y los procesos de planificación del Moldeador.

Puede que a los Moldeadores no les guste especialmente jugar al ajedrez, pero su mentalidad se parece mucho a la de un jugador de ajedrez: siempre pensando estratégicamente sobre el siguiente movimiento. Tienden a ver el panorama general de principio a fin cuando hacen un mapa mental de su estrategia para completar una tarea.

Durante el proceso de planificación, algunos Moldeadores realmente pensarán en el final de un proyecto para luego iniciarlo. En su mente, trabajar de adelante hacia atrás, desde el final en lugar de hacerlo desde el principio, tiene más sentido. Independientemente del modo en que piensen sobre una tarea, quieren ver el panorama general en su mente antes de comenzar.

Los Moldeadores, con frecuencia, tienen planes para el año siguiente, un plan a cinco años, un plan a diez años, e incluso a más tiempo. Están orientados hacia la carrera y ascienden progresivamente a mayores niveles de éxito en sus relaciones profesionales y personales.

LA INTELIGENCIA DEL MOLDEADOR: VISIONARIA/COGNITIVA

El Moldeador es con frecuencia "el líder del grupo". Líderes naturales, visionarios y organizadores, imaginan y llevan a cabo programas de paz, progreso y ayuda a nivel local o mundial Son los planificadores y líderes que nos ayudan a alcanzar grandes metas a corto y a largo plazo, perseguir sueños magníficos, y mantener nuestros ojos enfocados en nuestro destino final.

Los Moldeadores son generalmente quienes ascienden hasta una posición de liderazgo, a menudo sin ni siquiera intentarlo. Ya sea convertirse en director general, director de departamento, presidente de la asociación de padres, u organizador de vigilancia en el barrio, con frecuencia se sorprenden cuando se dan cuenta de que están ubicados al mando.

> Los planes no son nada; la planificación lo es todo. —Presidente Dwight D. Eisenhower

SÍMBOLO DEL MOLDEADOR EN LA NATURALEZA

El "rey de la jungla", el león, es fuerte, líder independiente, capaz, paciente, regio, protector y organizado. Como los leones, los Moldeadores normalmente son respetados por sus compañeros de trabajo y por quienes los conocen. A los leones les gusta tener a toda su manada dividida en "departamentos": los que rugen, los que cazan, los que persiguen y quienes disfrutan del festín. Tienen habilidades estratégicas y son proveedores exitosos mediante la acción en grupo que está bien organizada. Los leones, como los Moldeadores, tienen una gracia y una excelencia de vida que evoca admiración por parte de los seguidores e incluso de los competidores.

COLOR DEL MOLDEADOR

El azul oscuro, azul real o azul añil es un color que se relaciona a menudo con liderazgo visionario, elevadas aspiraciones, conocimiento e incluso poder. Los Moldeadores tienen la habilidad de llegar alto y lejos, crecer, expandirse, y tomar todo de nosotros que los conocemos a lo largo de su viaje hacia el éxito. El azul añil es un color de gran profundidad, y los Moldeadores añaden profundidad a sus vidas mediante su planificación, organización, liderazgo y logros.

Con frecuencia, los Moldeadores tienen un aura de tranquilidad en torno a ellos que genera un estado de satisfacción interior y proyecta una sensación de tranquila dignidad. No es un estado mental interiormente arrogante ni tampoco una actitud de necesidad constante de darse palmaditas en la espalda. En cambio, los Moldeadores se sienten cómodos en sus procesos de pensamiento y creen en la importancia de perseguir la excelencia.

CARACTERÍSTICAS O ATRIBUTOS POSITIVOS DE LOS MOLDEADORES

Quienes tienen Moldeador como su lenguaje principal o primario tendrán la mayoría o muchas de las características siguientes. Quienes tienen Moldeador como su segundo o tercer lenguaje, y así sucesivamente, tendrán menos de estas características. *Para más detalles, ver el Apéndice E.*

Organizado y eficaz	Le gusta planificar	Persigue la excelencia
Fija metas a largo plazo	Resistencia	Visionario
Responsable	Líder por naturaleza	Tolerante
Delegador	Orientado al futuro	Desarrolla a otros
Exitoso	Comunica ideas, planes	Busca resultados
Decidido y enfocado	Aprende del pasado	Decidido
Usa tablas, gráficas, listas	Discreto	Valora la apariencia
Espera preparación	Imperioso	No le gusta la charla trivial
Vigila los resultados	Acepta el cambio	Podría ser adicto al trabajo

Aproximadamente el 19 por ciento de la población habla Moldeador como su principal Lenguaje de Vida.

> Si crees que puedes, puedes. Y si crees que no puedes, tienes razón.
> —Mary Kay Ash
> fundadora de Mary Kay Cosmetics

CUATRO CLAVES PARA LA COMUNICACIÓN EXITOSA

1. Responder a la pregunta de filtro: *"¿Tienes un plan?"*.

Los Moldeadores piensan que todo el mundo debería tener un plan para su vida, su carrera profesional y su familia. Si creen que *no* tienes un plan, quizá quieran que te unas a su plan. Si un Moldeador descubre que no tienes tus propios planes o metas personales, tal vez te descarte pensando que no tienes solucionada tu vida. Algunos Moldeadores quizá están dispuestos a ayudarte a trazar un plan si creen que estás abierto a la idea.

2. Satisfacer la necesidad por parte de otros: *Apoyo y acuerdo*

Los Moldeadores no quieren que seas una persona de "sí" porque casi siempre están abiertos a las diferencias de opinión. Sin embargo, los Moldeadores son líderes, y sus críticos a veces les lanzan críticas fáciles. Cuando estás en primera línea o eres un pionero, con frecuencia te conviertes en carne de cañón para quienes nunca han corrido un riesgo ni "han salido del molde" en su vida.

Los Moldeadores necesitan sentir la seguridad de que quienes se interesan por ellos y trabajan con ellos, también los apoyan y están de acuerdo con la visión y dirección de la tarea o misión.

3. Alentar la pasión: *Liderar*

Los Moldeadores lideran a otros automáticamente y naturalmente con planificación, delegación y *desarrollando* a otros. Parecen saber instintivamente cuál persona es más apta para cuál posición, ya sea en el trabajo, en la comunidad o en el hogar. Tienden a poder conseguir regularmente que la persona adecuada haga las tareas necesarias.

En situaciones donde claramente no hay nadie a cargo, los Moldeadores rápidamente se pondrán a la altura de la situación, recopilarán datos, mostrarán los pros y contras y entonces, si es adecuado, asumirán la responsabilidad y comenzarán a planificar y delegar.

4. Validar el carácter: *Paciencia para el plan*

Los Moldeadores no son necesariamente pacientes con las personas, y a menudo necesitan trabajar en desarrollar este rasgo. Pero aunque los Moldeadores pueden ser impacientes con otros, casi siempre tienen mucha paciencia para el plan o los planes. Por eso pueden tener metas para cinco o diez años, o más.

Establecen de manera fácil y automática metas a largo plazo y después las dividen en "tareas factibles" para sí mismos y para otros, tal como sea necesario. Reúnen lo que se necesite y organizan o bosquejan los patrones de crecimiento. Cualquiera que sea el periodo de tiempo, un Moldeador deliberadamente mantendrá todo en movimiento hacia completar exitosamente el plan.

Alguien llega hasta el último peldaño de la escalera solamente subiendo firmemente peldaño a

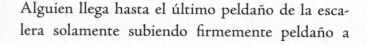

peldaño, y de repente todo tipo de poderes, todo tipo de habilidades que nunca pensaste que te pertenecían, se encuentran dentro de tu posibilidad, y piensas: *Bueno, también yo tendré una oportunidad.*
—Margaret Thatcher
ex Primera Ministra británica

RASGO ESENCIAL A CULTIVAR: SENSIBILIDAD HACIA LAS NECESIDADES EMOCIONALES DE OTROS

Los Moldeadores pueden estar tan enfocados en el *plan*, que quizá pasan por alto las necesidades emocionales o relacionales de otros en el proceso. No es que los Moldeadores sean fríos, indiferentes o insensibles, sino que su constitución personal, intensa por naturaleza, de mantenerse enfocados en metas y planes, puede hacer que otros los perciban como tales.

Para asegurar el éxito, las personas necesitan saber que los Moldeadores no los subestiman. Generalmente, los Moldeadores son autodisciplinados, de modo que les resulta útil recordar detenerse ocasionalmente y expresar comprensión o interés cuando se comunican con otras personas.

HÁBITO DE ÉXITO A DESARROLLAR: RELAJARSE, REFLEXIONAR E IDENTIFICARSE

El desarrollo de este hábito se parece mucho a desarrollar el rasgo esencial de detenerse o pausar el tiempo suficiente para hacer saber a otros que te interesas verdaderamente. Lo cierto es que todos necesitamos a otras personas.

Los Moldeadores necesitan liberar estrés encontrando maneras de *relajarse* lejos del trabajo, como haciendo ejercicio, trabajos manuales, salir a pasear o practicar la jardinería. Los Moldeadores también necesitan ralentizar el paso y *reflexionar* sobre la salud general de aquellos a quienes lideran y también sobre su propia salud, pues los Moldeadores pueden llegar a ser adictos al trabajo.

Y generalmente deben aminorar el paso para recordar *identificarse* con otros de maneras que no impliquen sus planes. Deberían expresar interés en sus compañeros de trabajo, sus familias, y sus necesidades. Es fácil para los Moldeadores enfocarse en el plan y pasar por alto precisamente a los individuos que están ayudando a completarlo.

CASO DE ESTUDIO DE UN MOLDEADOR

Todos tenemos sueños, planes y oportunidades cuando la comunicación es el ingrediente clave para *maximizar el momento*. Tener soltura en los 7 Lenguajes de Vida te preparará para estar en el lugar correcto, en el momento adecuado y con el mensaje correcto, asegurando así tu éxito.

Robert, un hombre joven y ambicioso con una gran empresa petrolífera y estudiante de los Lenguajes de Vida, nos llamó para contarnos su experiencia:

Uno de los socios veteranos, con quien más me relaciono, parece demostrar muchas de las características del estilo de comunicación Moldeador. Él no había tomado el Perfil de Lenguajes de

Vida, de modo que yo no estaba seguro de cuál era su primer estilo de comunicación, pero reconocí que su estilo de Moldeador era alto. Cuando tenemos reuniones de personal para mi departamento, este socio veterano es organizado, eficiente, enfocado y muy dedicado a los planes y metas a largo plazo.

Una tarde, mientras iba yo por el pasillo hacia mi oficina, pasé al lado de este socio, quien se detuvo y preguntó: "¿Cómo van tus proyectos?". Yo no estaba seguro de si él realmente quería saberlo o tan solo estaba siendo amable, pero sentí que quizá ese podría ser mi momento, así que dije rápidamente: "Señor, las cosas van estupendamente con mis clientes desde que he estado trazando y bosquejando líneas de tiempo y metas a largo plazo. Me encuentro más en dominio de las cosas, enfocado y mucho más eficiente. Estoy cumpliendo todas mis fechas límite. Gracias por las grandes ideas que usted compartió con nosotros".

No estaba seguro de si había resultado demasiado ansioso, pero en la siguiente reunión semanal, el socio veterano se dirigió a mí por mi nombre. Desde entonces, ha apelado a mí con frecuencia durante las reuniones de personal.

Robert aprovechó un encuentro casual para maximizar el momento y dejar su marca hablando a su jefe el Lenguaje de Vida Moldeador.

ARDILLAS RAYADAS Y ANTÍLOPES

Al hablar de estrategia, el ex portavoz del Congreso estadounidense, Newt Gingrich, dijo que los leones saben instintivamente que centrarse en una presa grande, como un antílope, es mejor para su manada que agarrar a un animal pequeño como una ardilla rayada para obtener un aperitivo rápido. Los animales pequeños como conejos y ardillas son rápidos y difíciles de atrapar. Si un león *saliera* tras uno de estos animales pequeños, probablemente se cansaría por la persecución y seguiría con hambre. Por otro lado, al derribar a un antílope, tiene comida suficiente para sí mismo y para los otros leones.

Los Moldeadores piensan a menudo como un león. No desperdician tiempo en ardillas rayadas o pequeñas tareas. En cambio, tienden a identificar las metas reales en la vida y los negocios, fijando su mirada en el siguiente gran reto. Hemos descubierto que esta analogía es una manera muy eficaz de organizar nuestro propio enfoque en el negocio cada día. La hemos utilizado como modo de lograr que gerentes de primera línea y socios entiendan mejor el peligro de no saber cuáles son realmente sus "antílopes", y cómo eludir la tendencia natural de perseguir lo que está inmediatamente delante de ellos: las ardillas rayadas.

Los Moldeadores parecen entender que el verdadero éxito ocurre cuando posponemos la gratificación inmediata y nos enfocamos en metas a largo plazo. Es algo que todos deberíamos trabajar para aceptar.

INDICADORES DE PELIGRO: CEH

1. Crítica

Los Moldeadores son muy capaces de supervisar tareas y asignaciones de trabajo. Desean la excelencia para sí mismos y para otros, de modo que si las cosas no van como se esperaba, el Moldeador puede volverse muy crítico. Si se detiene y lo comunica, pueden corregirse la mayoría de los problemas internos. Por desgracia, aunque los Moldeadores tienden a ser pacientes cuando crean y supervisan un plan, a menudo pueden llegar a frustrarse con las personas que les rodean. Aprender a apartar tiempo regularmente para mostrar interés, gracia y comprensión a un equipo que lo merece es absolutamente necesario para que las relaciones de un Moldeador permanezcan intactas y cercanas.

2. Eliminar

En una organización grande, la Internet se interrumpió varias veces y había un par de problemas menores departamentales. Sin advertencia, el director general entró en el departamento de tecnología de la información y despidió a todos en ese momento. Entonces comenzó a contratar personal externo para todas sus necesidades tecnológicas. La comunicación con las personas de ese departamento habría sido una alternativa valiosa antes de tomar lo que pareció ser una decisión muy impulsiva. La conducta errática de ese director causó una gran cantidad de ansiedad innecesaria para empleados en otros departamentos.

3. Hacerse cargo

A menudo, un Moldeador angustiado se hará cargo de un trabajo o incluso de todo un departamento al corregir o eliminar a esos individuos que, según su opinión, "¡no deberían estar ahí!". Este tipo de acción drástica puede sacudir innecesariamente a toda una empresa. En toda justicia, el Moldeador *puede* hacer que la organización sea mejor y más fuerte cuando los cambios se han completado, pero mientras tanto, los otros empleados se quedan silenciosamente desesperados... quizá incluso se sienten quebrantados.

Por fortuna, la mayoría de los moldeadores son buscadores y aprendices. Cuando aprenden el poder de la comunicación mediante los Lenguajes de Vida, manejan el peligro de maneras más saludables.

ESTILOS DE LIDERAZGO

- Líderes naturales; ubicados en cualquier entorno, a menudo ascienden a una posición de liderazgo sin intentarlo

- Visionario

- Se mantendrá enfocado en la visión, a pesar de cuánto tiempo tome

- Busca la excelencia

- Organizado

- En la salud, compartirá elogios y reconocimiento

- Muy orientado al retorno de la inversión

- Avanzará y llevará juntamente a quienes comparten la visión

- Son buenos en desarrollar a otros para que sean todo lo que pueden ser

✦   Enfocado en el futuro

Los Moldeadores son líderes que *visualizan resultados finales* (metas) y son capaces de dirigir personas, planes y recursos hacia su finalización exitosa. Disfrutan de un papel de gerencia expansiva. Los Moldeadores delegan bien; comprueban en busca de resultados y hacen rendir cuentas a cada persona de su parte en cualquier proyecto o tarea.

OTROS RASGOS DE LIDERAZGO

Filosofía cultural: "Cada uno de nosotros tiene un papel que desempeñar por el cual ha de rendir cuentas. Hagamos nuestro trabajo, ciñámonos a los planes, y alcanzaremos nuestras metas."

Estructura organizacional de un Moldeador: ¡Yo soy responsable!

En la salud, el líder Moldeador será un excelente desarrollador de personas, planes y organizaciones.

En el peligro, el líder Moldeador mostrará una dura ambición.

POSIBLES PROFESIONES

Como líderes naturales, los Moldeadores pueden ser director general, director financiero, especialista, director de departamento, administrador, analista, abogado, piloto, arquitecto, ingeniero, médico, y dueño de una empresa. Pueden entrar en la política o trabajar en el ejército o el gobierno. Con frecuencia tienen licenciaturas.

IDEAS PARA LA COMUNICACIÓN

Las siguientes ideas son útiles en la comunicación con un Moldeador:

+ *Ideas verbales*: Los Moldeadores utilizan palabras de pensamiento, planificación o logro. Dirán: "Nuestras metas incluyen..." y "mirando hacia el futuro...". Preguntarán: "¿Tienes un plan?" o "¿cómo nos ayudará esto a alcanzar nuestras metas?", o "¿cuáles son los resultados finales?".

+ *Ideas no verbales*: Los Moldeadores no están interesados en la charla trivial e intentarán dirigir la conversación. Tienen una actitud enfocada y profesional.

+ *Ideas visuales*: Los Moldeadores son muy organizados y quizá muestren de modo destacado premios o certificados en sus oficinas. Los libros revelan sus intereses personales. Los Moldeadores a menudo prefieren muebles formales y con gusto de madera de cerezo, de caoba o de cuero. Hay un desorden mínimo sobre su escritorio. Tal vez tengan fotografías de personas famosas en sus paredes. Los Moldeadores con frecuencia tienen oficinas grandes, un equipo de personal grande, y tablas y gráficas de progreso y metas.

+ *Frases de afirmación*: Los Moldeadores quieren oír sobre planes, metas y delegación de tareas. Afirman su habilidad para liderar: "Ya que eres considerado un líder en la comunidad...", o "es estupendo ver cómo estás liderando esta empresa...".

+ *Conducta que puede frustrar a un Moldeador*: La percepción de que un individuo carece de dirección o visión y no tiene un plan. Los Moldeadores no entienden a las personas que parecen vagar por la vida sin saber hacia dónde van.

* *Maneras de motivar a un Moldeador*: Preguntar cuáles son sus metas o planes. Explicar cómo deseas apoyar sus planes. Si se puede, mostrar o explicar cómo puedes encajar en los planes del Moldeador y decirle cómo puedes apoyarlos y fomentarlos. Afirmar que sus planes valen la pena.

Los Moldeadores necesitan apoyo y acuerdo. Ya seas el jefe, un compañero de trabajo o un amigo, los Moldeadores se sienten afirmados cuando reconoces la primera línea en que están al tomar decisiones de largo alcance. Te ganarás la confianza de un Moldeador cuando muestres tu apoyo.

Como los autores, los Moldeadores están en un primer plano tomando decisiones que producen cambio. Con frecuencia son criticados por personas que no entienden sus metas o no les gusta el cambio. Necesitan personas que apoyen su visión y estén en acuerdo, no como una persona que siempre dice "sí", sino como alguien que reconoce el valor de su liderazgo.

EJEMPLO DE UN MOLDEADOR FAMOSO

Para ser un líder eficaz debes tener una vena manipuladora; tienes que entender a las personas que trabajan para ti y darle a cada uno tareas que aprovecharán su fortaleza.
—General H. Norman Schwarzkopf[15]

---

15. H. Norman Schwarzkopf, *It Doesn't Take a Hero: The Autobiography of General Norman Schwarzkopf* (New York, NY: Bantam Books, 1992)

"¡GUERRA!". En enero de 1991 los estadounidenses estaban pegados a las noticias de la Operación Tormenta del Desierto, en la que las tropas y los aliados perseguían a Saddam Hussein y su ejército seis meses después de que Irak invadiera Kuwait.

Durante su primera conferencia de prensa, el General H. Norman Schwarzkopf describió con gran detalle y paso por paso los primeros movimientos de la guerra, usando gráficas, tablas, mapas y diagramas. Organizado y seguro de sí mismo, el General Schwarzkopf rápidamente supervisó y dirigió el desarrollo de 70 000 tropas de coalición, incluidos más de 540 000 soldados estadounidenses.

Aunque no sabemos cuál habría sido su Perfil de Lenguajes de Vida, creemos que el primer Lenguaje de Vida de Schwarzkopf era Moldeador y su segundo era Autor. La revista *Time* lo describió como un hombre "con contoneo de John Wayne y el rugido de un oso pardo de 800 libras (360 kilos)".

Schwarzkopf comandó, dirigió y supervisó cada fase de la guerra. Reunió un excelente grupo de mando, juntando a las personas adecuadas, el equipo correcto y los países correctos, lo cual le dio la autoridad para dirigir sus propias áreas de responsabilidad.

Este líder militar visionario pudo ver el resultado de la guerra desde el primer día de batalla, y fijó eficazmente una estrategia hora a hora, día a día, para alcanzar su meta deseada. Kuwait fue liberado en seis semanas, y *"Stormin' Norman"* (así es como era conocido, en español,

Tormentoso Norman) regresó a casa con un recibimiento de héroe.

> Se aprende más del liderazgo negativo que del liderazgo positivo, porque aprendes cómo no hay que hacerlo; y, por lo tanto, aprendes cómo hacerlo.
> —Gen. H. Norman Schwarzkopf

NOTAS

PRODUCTOR: CREAR ABUNDANCIA

EL ÍCONO DE PRODUCTOR

El ícono inicial de Productor presenta un signo de dólar, una caja de regalo, un felpudo de bienvenida y gavillas de trigo, todo ello en color verde y dorado para indicar suficiencia y abundancia. Se incluye *El Pensador* para representar la categoría de inteligencia cognitiva.

El nuevo ícono continúa con el tema para esta categoría y, en la mente del Productor, hay un signo de dólar, una diana para indicar el modo en que los Productores apuntan a lo mejor, y un regalo envuelto.

Independientemente de cuál sea su nivel de ingresos, los productores tienen la habilidad de reunir y administrar muy bien finanzas y recursos. Se jubilan generalmente con dignidad y seguridad financiera.

Los Productores también tienen una naturaleza muy generosa. Dan filantrópicamente y son conocidos por su hospitalidad. No importa si un Productor te espera o no te espera, en su casa o su oficina, siempre te sentirás bienvenido como si él o ella supieran que ibas a llegar y estuvieran preparados para tu visita.

Tienden a ser certeros con cada aspecto de su vida. Les gusta girar en torno a sus relaciones y carreras profesionales, y parecen presentar al mundo ambas cosas como regalos.

Los Productores integran normalmente el más *completo y balanceado* de todos los Lenguajes de Vida.

LA INTELIGENCIA DEL PRODUCTOR: RELACIONAL/COGNITIVA

Los Productores normalmente viven vidas normales y aparentemente tranquilas y comunes, incluso si tienen una cómoda situación financiera o son ricos.

Nuestra amiga Productora Patti sabía cómo hacer y administrar dinero. Era la dueña de unas veinte casas de renta y era una agente de bienes raíces muy agresiva y exitosa. Durante un breve periodo de tiempo, Patti intentó aplicar sus habilidades de microgestión a las vidas de sus (exitosos) hijos adultos. ¡Aprendió rápidamente que no fue una buena decisión!

Una mañana, estábamos desayunando con Patti y el menú presentaba un precio por una cantidad de tortitas y un precio *más bajo* por la misma cantidad de tortitas y además dos huevos. Patti preguntó a la camarera al respecto, pero ella no sabía por qué los precios eran así.

Patti pidió las tortitas y dos huevos cocidos y pidió que le pusieran los huevos completos, con la cáscara. Cuando llegó el desayuno, ella pidió un recipiente para llevar y puso los dos huevos para guardarlos para el almuerzo.

Ya sea que manejen grandes cantidades de dinero o cantidades aparentemente insignificantes, todos los Productores consideran el beneficio y toman decisiones en consecuencia.

SÍMBOLO DEL PRODUCTOR EN LA NATURALEZA

Las águilas construyen sus nidos para que duren toda una vida, en las alturas o en precipicios escogidos con cuidado, en un árbol grande, o incluso en lo alto de una torre de telefonía. Regresan al mismo nido año tras año y lo mejoran o reparan para sus nuevos aguiluchos. La estabilidad y durabilidad de la construcción de su nido subraya la calidad de su trabajo.

Las águilas se aparean para toda la vida y son buenas proveedoras para sus crías. Parece gustarles compartir sus responsabilidades parentales. Juntas, entrenan a sus polluelos para volar. La buena vista de las águilas y sus poderosos cuerpos les permiten conseguir abundancia de comida para sus familias.

Igual que las águilas utilizan las tormentas atmosféricas para volar más alto y más rápido, los Productores generalmente utilizan las tormentas de la vida para aumentar sus recursos y ascender hasta nuevas alturas.

COLOR DEL PRODUCTOR

El verde es el terreno medio entre los colores cálidos (amarillo, naranja y rojo) y los colores fríos (azul, índigo y violeta). Igualmente, el Lenguaje de Vida del Productor está a medio camino entre las inteligencias cinética y sentimental. Cuando es adecuado, los Productores pueden fácilmente estar orientados hacia acciones y sentimientos.

El verde nos da la impresión de algo firme y reconfortante. El Productor irradia estabilidad, aguante, crecimiento, abundancia, éxito, prosperidad y vitalidad.

CARACTERÍSTICAS O ATRIBUTOS POSITIVOS DE LOS PRODUCTORES

Quienes tienen Productor como su Lenguaje principal o primario tendrán la mayoría o muchas de las características siguientes. Quienes tienen Productor como su segundo o tercer Lenguaje, y así sucesivamente, tendrán menos de estas características. *Para más detalles, ver el Apéndice F.*

Individuos integrales	Responsable	Persigue la excelencia
Toma decisiones fácilmente	Orientado al crecimiento personal	Estable
Suficiente	Bueno con la acción	Hospitalario
Abundancia	Cortés	A menudo buen comunicador
Hace regalos bien pensados	Acogedor	Cognitivamente generoso
Emocionalmente atento	Balanceado	Preparado con recursos
Amable	Buen administrador del dinero	Micro administrador
Ahorrativo	Busca calidad	Busca ahorros
Habilidoso	Buenas habilidades sociales	Muestra vitalidad

Aproximadamente el 4 por ciento de la población habla Productor como su principal Lenguaje de Vida.

CUATRO CLAVES PARA LA COMUNICACIÓN EXITOSA

1. Responder a la pregunta de filtro: *"¿Eres generoso y estás manejando tu vida?".*

Los Productores tienden a ser generosos, de modo que no les gusta sentir tacañería en otros. Aunque no necesariamente dan a cada persona necesitada que conocen o ven, del modo en que se inclinan a hacerlo los Respondedores, la mayoría de los Productores dan a *causas o personas dignas* cuando saben que su donativo será manejado sabiamente. A los Productores les gusta hacer regalos de *calidad*. También les gusta invitar a sus amigos a cenar, a un concierto, o a otro evento especial. Pero si un Productor observa que todos los donativos son unilaterales, probablemente dejará de ser tan generoso. En su mente, si no les das algo a cambio, al menos ocasionalmente, no estás administrando tu vida. Ser tacaño no tiene nada que ver con ello.

Si los Productores ven que la vida de un amigo está desbalanceada o fuera de control, simplemente pueden *dar por perdida a esa persona*. La primera vez que conoces a un Productor, si comienzas de inmediato a contarle todos tus problemas sin antes hacerle saber que has solucionado al menos algunos, tu *primera* conversación con él o ella será la última. Sin embargo, seguirá siendo atento hacia ti.

2. Satisfacer la necesidad por parte de otros: *Aprecio por sus regalos y lo bien que administran su vida y sus recursos*

Los Productores se sienten motivados y seguros si reciben *aprecio* por todas las cosas asombrosas (ante sus ojos) que hacen por otros y por la organización. A menudo expresan su aprecio haciendo regalos a compañeros de trabajo, familiares y amigos. No son generosos únicamente para sentirse apreciados o recibir atención o elogios. Más bien, a los productores les gustaría recibir un reconocimiento y un agradecimiento genuinos por parte del receptor.

Los Productores hacen regalos bien pensados y de calidad; se sienten queridos o apreciados cuando reciben regalos considerables a cambio. El tamaño o costo del regalo no es problema. Para el Productor, es mejor no recibir nada a cambio de su generosidad que recibir algo considerado rápidamente y sin haberlo pensado mucho.

3. Alentar la pasión: *Administrar*

Incluso de niños, a los Productores les gusta administrar como parte de sus responsabilidades. Como adultos, a los Productores les gusta administrar proyectos, líneas de tiempo, eventos, y especialmente recursos y finanzas. Parecen saber de manera innata dónde debería ir el dinero, cómo puede utilizarse con mayor eficacia, y dónde están los mejores tratos.

4. Validar el carácter: *Habilidad*

Este rasgo clave de carácter brilla en los Productores como ningún otro. La habilidad aparece en la mayoría de sus pensamientos, acciones, comunicación y planificación. ¡También buscan esta característica en todos los demás!

RASGO ESENCIAL A CULTIVAR:
EMPODERAR A OTROS

A los Productores realmente les gusta encontrar personas en las que puedan confiar y empoderar; sin embargo, a menudo tienen problemas para entregar tareas a otros porque pueden sentir cuando alguien carece de responsabilidad o tiene problemas con el seguimiento.

A veces, los Productores no empoderan a otros porque les gusta mantener el control. Un Productor que quiere ser exitoso debe comprometerse seriamente a trabajar en maneras de vencer su tendencia a limitar a otras personas que son más que capaces de manejar una tarea en particular.

HÁBITO DE ÉXITO A DESARROLLAR:
DAR SIN EXPECTATIVA DE OBTENER

A los Productores *saludables* les gusta hacer regalos de *apreciación* para alentar y motivar indirectamente a los empleados a producir resultados *aún mejores* para la empresa, *y* hacerles saber que son apreciados genuinamente. Los productores *poco saludables* pueden utilizar el dar como manera de controlar a otros, como persuadir a un empleado para que realice una tarea específica. Por desgracia, cuando esto sucede, con frecuencia hay condiciones.

Conocemos a un director general que es un Productor fuerte que hacía regalos, pero con condiciones. Por ejemplo, le regaló a su hija adulta y casada un auto nuevo, pero con la condición de que ella y su familia tenían que ir de visita a su casa todos los domingos.

CASO DE ESTUDIO DE UN PRODUCTOR

Cuando tenía casi sesenta años, John era vicepresidente de una importante empresa petrolera. Siempre había tenido buenos ingresos y se había administrado tan bien que no tenía hipoteca ni de su casa, ni tampoco de su casa de vacaciones en el lago.

La empresa de John se estaba reorganizando, expandiendo y considerando la adquisición de varias refinerías nuevas. Los departamentos de relaciones humanas y personal estaban bajo supervisión de John, con los supervisores de departamento reportándose con él. Pronto, John comenzó a sentirse insatisfecho. Estaba escuchando demasiados problemas de personal y de empleo y, como resultado, estaba pensando en aceptar una jubilación anticipada. Aunque estaba en posición de poder hacerlo, en realidad no quería jubilarse.

Habíamos hecho un Perfil a todos los departamentos, incluido el de John, así que él nos llamó para hablar sobre sus frustraciones. No eran solo los problemas de las personas de la empresa lo que le frustraba; también se sentía apartado del crecimiento de la empresa. Sus talentos y habilidades como Productor no se estaban utilizando. Antes de aceptar un empleo en las oficinas centrales, John había viajado y manejado problemas de la refinería.

John se reunió con el vicepresidente superior para hablar de su historia laboral, sus intereses, y su Perfil de Lenguajes de Vida. La empresa no quería perder a John. Habían puesto bajo su supervisión los departamentos de relaciones humanas y personal porque él tenía buenas habilidades sociales y sabían que podía realizar el trabajo; sin embargo, se hizo obvio que el puesto de John no le retaba. Tras varias reuniones, fue reubicado en el comité que consideraba la adquisición de refinerías. Las habilidades financieras de John y su entendimiento de los recursos fueron tan valiosos que la empresa decidió finalmente construir una refinería nueva en lugar de adquirir una vieja con posibles problemas. John se quedó en la empresa durante otros doce años más, sintiéndose satisfecho y apreciado.

> Los Productores no quieren rastrear dónde ha ido el dinero. Quieren dar indicaciones sobre dónde enviarlo.   —Anna Kendall

INDICADORES DE PELIGRO: ROR

1. Restricción

Cuando los Productores ven que un compañero de trabajo o incluso alguien en su casa no busca la excelencia, pueden restringir el acceso de esa persona a una tarea específica. No es inusual que un Productor muy frustrado le quite totalmente la tarea al individuo. La mentalidad del Productor es simple y directa en casos en los que sabe que los compañeros de trabajo no están intentando producir su mejor trabajo. El Productor quiere ver que un proyecto o tarea se realiza bien.

2. Organizar

A veces, un Productor reorganizará completamente un departamento. Algunos Productores frustrados detendrán totalmente un proyecto y tomarán en sus propias manos la tarea de finalizarlo. O puede que el Productor reasigne el proyecto a otra persona. Si el trabajo se ha trasladado a personas muy distintas, quizá se le vuelva a dar a la primera persona a quien se asignó el proyecto. Esto sucederá solamente si el Productor está convencido de que la primera persona no solo lo manejará mejor cuando esté armada de instrucciones más claras, sino que también lo completará a tiempo, y correctamente.

3. Retener

A menudo, los Productores en peligro acercarán todo hacia sí mismos y no permitirán que nadie más sea parte de un proyecto. En su frustración, no están seguros de si otros pueden manejar sus tareas exitosamente y correctamente. Como resultado, los Productores redoblarán sus propias cargas de trabajo y situarán las tareas en su ámbito de responsabilidades hasta estar satisfechos de que otros son capaces de manejar el trabajo a tiempo y con excelencia.

Si no están convencidos de eso, los Productores puede que incluso retengan futuras tareas hasta que crean que pueden confiárselas a otros. Debido a que los Productores son personas muy corteses, una acción de esta magnitud raras veces se realiza en un estado de enojo o como castigo "grupal". La excelencia es importante para los productores, y esperan que otros hagan su parte de *cualquier tarea* de la manera mejor, más eficiente y a tiempo.

Si eres un Productor y sientes que estás mostrando estos indicadores de peligro, debes abordarlos y controlarlos tan rápidamente como sea posible. Si conoces a un Productor que está en peligro, detén de inmediato lo que estás haciendo y saca el tiempo para expresar gratitud genuina por todo lo que esa persona hace, con palabras sinceras y meditadas de apreciación e interés.

ESTILOS DE LIDERAZGO

Los Productores son líderes habilidosos y geniales que se aseguran el mejor uso de todos los recursos disponibles, utilizando un estilo cercano de gerencia, enfocado mediante dos o tres personas clave:

+ Cortés

+ Meditado

+ Con perspectiva

+ Busca la excelencia

+ Ve a las personas como recursos valiosos

+ Es capaz de demostrar el mejor uso de los recursos para alcanzar metas

+ Son buenos administradores del dinero

OTROS RASGOS DE LIDERAZGO

Una filosofía cultural de los productores: "Al invertir nuestros recursos y dirigir nuestros esfuerzos, añadiremos valor a nuestra organización. Entonces, nosotros y nuestra organización seremos exitosos".

Estructura organizacional de un Productor: micro gerencia.

En la salud, el líder Productor empoderará a otros.

En el peligro, el líder Productor será un controlador egoísta.

POSIBLES PROFESIONES

Los Productores pueden trabajar fácilmente como jefe de finanzas o jefe ejecutivo, planificador financiero, agente de bolsa, banquero, director de departamento o administrador. Pueden trabajar en la industria de la hospitalidad, en la industria de restaurantes, administración de materiales o control de inventario; en cualquier función que cree abundancia y riqueza.

IDEAS PARA LA COMUNICACIÓN

Las siguientes ideas son útiles para la comunicación con un Productor:

+ *Ideas verbales:* El Productor será atento, ofrecerá café y otros aperitivos. Escucha palabras que muestran consideración, hospitalidad o manejo de recursos. Los Productores querrán saber el costo de los productos o si una inversión es un uso sabio de los recursos de la empresa.

+ *Ideas no verbales:* Los Productores te hacen sentir especial intencionalmente.

+ *Ideas visuales:* La oficina del Productor es cálida, acogedora y ordenada. Uno o dos boles de dulces estarán a disposición de visitantes y compañeros de trabajo. El Productor viste de modo profesional con una elegancia conservadora.

+ *Frases de afirmación*: Muestra a un Productor una apreciación genuina por el tiempo que te está dando. Felicítalo por el interés que muestra a los clientes o la hospitalidad de su equipo. Los Productores necesitan apreciación. Si trabajas con un Productor, hazle saber que quieres ser un buen recurso.

+ *Conducta que puede frustrar a un Productor*: Jugar tus cartas demasiado cerca de tu pecho y no compartir información, como costos o gastos en productos finales. Tener una actitud que comunica que el costo no importa. Ser ingrato o no mostrar aprecio.

+ *Maneras de motivar a un Productor*: Mostrar intencionalmente el valor que hay tras el costo y considerar atentamente el tiempo y los comentarios del Productor. Ellos tienden a ser un recurso valioso, de modo que no tengas miedo a pedir su consejo o buscar su conocimiento.

Los Productores necesitan apreciación, y les gusta hacer regalos de calidad o tener recursos de calidad. No consideres hacer recortes utilizando productos o servicios más baratos. A los Productores les agrada cuando reconocemos su consideración y valor. Cuando sea apropiado, podemos hacerles un regalo de calidad bien pensado.

EJEMPLO DE UN PRODUCTOR FAMOSO

Todos deberíamos hacer algo para enmendar las equivocaciones que vemos, y no solo quejarnos de ellas.   —Jacqueline "Jackie" Kennedy Onassis [16]

---

16. Amy Higley, "5 Life Lessons from Jackie Kennedy", *Faith Counts*, 19 de diciembre de 2016 (faithcounts.com/5-life-lessons-jackie-kennedy).

John F. Kennedy fue asesinado menos de tres años después de ocupar la presidencia. Cinco años después, su viuda se casó con un magnate griego de barcos: Aristóteles Onassis. Pero la elegante y sofisticada "Jackie O" era mucho más que la esposa o la viuda de alguien.

Jackie leyó decenas de libros antes incluso de comenzar la escuela. Ganó varios campeonatos ecuestres nacionales. Tras la universidad, trabajó como fotoperiodista, haciendo preguntas personales o de actualidad como: "¿Cuál es tu sincera opinión sobre el matrimonio?".[17]

Nunca quiso que la llamaran "Primera Dama", diciendo que sonaba a nombre de caballo. Los Productores quieren excelencia, y ver los muebles aburridos y deprimentes de la Casa Blanca le dejó tan espantada que dirigió el proyecto para sustituirlos por otros muebles hermosos e históricos. Ella dijo que era "una cuestión de erudición". Jackie también mostraba un elevado espíritu de Productor de atenta hospitalidad.

Más adelante, trabajó como editora durante casi veinte años.[18] Pasó cuatro años persiguiendo a Michael Jackson para persuadirlo de que escribiera su autobiografía: *Moonwalk*. Adquirió y editó casi un centenar de libros, entre los que se incluían *Allure*, de Diana Vreeland, y *The Power of Myth*, de Joseph Campbell.

Aunque se casó con dos hombres ricos y poderosos, era conocida como una buena administradora de su propia

17. Malea Walker, "Jackie Kennedy: Inquiring Camera Girl", 22 de mayo de 2018, https://blogs.loc.gov/headlinesandheroes.

18. Nancy Bilyeau, "Jackie Kennedy's Third Act: How the twice-widowed American icon became a successful book editor—at $200 a week", *Town & Country* magazine, 18 de agosto de 2017.

vida, finanzas y recursos. No se rodeó de ostentación y glamur, sino de gusto y calidad adecuados para una vida de tranquila elegancia.

Los Productores no donan a todas las causas, sino que intervienen cuando una de ellas capta su atención. Jackie trabajó incansablemente para salvar puntos de referencia como la Terminal Grand Central de la ciudad de Nueva York, que estaba amenazada con la destrucción bajo un plan de remodelación.

> La única rutina para mí es no tener ninguna rutina.   —Jackie Kennedy Onassis

NOTAS

10

CONTEMPLADOR:
EN BUSCA DE CONOCIMIENTO

EL ÍCONO DE CONTEMPLADOR

Todos los elementos del ícono original apelan al alto enfoque cognitivo de la vida que tiene el Contemplador. Incluye *El Pensador*, desde luego, y también libros en lo alto de una columna y ramas de olivo para denotar la naturaleza pacífica del Contemplador.

Con la tendencia general de los Contempladores de pensar y pensar, y después pensar más, el nuevo ícono presenta la cabeza de categoría de inteligencia cognitiva, con un dibujo del cerebro.

Tras reflexionar seriamente y en profundidad sobre un tema particular durante un largo periodo de tiempo, puede que el Contemplador ni siquiera desee dialogar o compartir ninguna de las conclusiones consideradas a las que acaba de llegar. La obtención de conocimiento no es una manera de que el Contemplador impresione a otros con sus habilidades de erudición. En cambio, deriva satisfacción de *conocer*.

Nunca se siente obligado a compartir su conocimiento, ni tampoco siente, por lo general, que es importante hacerlo. Esto podría parecer egoísta, pero en la mente del Contemplador meramente intenta satisfacer su propio deseo personal de obtener conocimiento por el mero gozo de aprender.

Más que ninguna otra cosa, el Contemplador desea aprender, estudiar, y ser toda la vida un buscador de conocimiento y sabiduría.

Aunque los Contempladores no necesariamente desean ser pacificadores, están comprometidos con la paz interior personal. Si están en una situación de conflicto elevado o continuado, en muchos casos sencillamente se irán. Si no pueden hacerlo, quizá parezcan ensimismarse. Los Contempladores prefieren entornos de bajo conflicto llenos de relaciones agradables y pacíficas. No les va bien en situaciones hostiles.

Los Contempladores normalmente tienen mentes brillantes y elevado Coeficiente Intelectual (CI) y, sin embargo, a menudo nunca alcanzan su pleno potencial hasta más adelante en la vida, cuando se elevan rápidamente.

LA INTELIGENCIA DEL CONTEMPLADOR: ANALÍTICA/COGNITIVA

Los Contempladores normalmente tienen tantos intereses que les resulta difícil mantenerse enfocados en una sola agenda para alcanzar éxito profesional y personal. Se ha sabido que algunos permanecen por diez años en la universidad y nunca se mantienen en una especialización.

A los Contempladores les interesan muchas profesiones, entre las que se incluyen idiomas, música, fotografía, artes gráficas, matemáticas, o programación de computadoras; su lista de intereses podría seguir indefinidamente e incluir cualquier cosa que implique el uso de su mente. Raras veces les interesa el trabajo que implique utilizar sus manos a menos que tengan también una puntuación alta en el Lenguaje de Vida Hacedor.

Cuando deciden lo que quieren hacer, sin duda tienen lo necesario para alcanzar nuevas alturas en su campo escogido. Como eruditos inusualmente brillantes por naturaleza, a menudo tienen muchos estudios de posgrado en más de un campo de conocimiento.

SÍMBOLO DEL CONTEMPLADOR EN LA NATURALEZA

Durante siglos, los búhos han simbolizado sabiduría e inteligencia. Los búhos parecen calmados, tranquilos y solitarios, muy parecidos al Contemplador. Inspeccionan sus entornos desde lugares altos y elevados; los Contempladores generalmente son intelectualmente más elevados que la mayoría.

Como los búhos, los Contempladores son, con frecuencia, nocturnos, y se quedan hasta tarde para estudiar y pensar. Los búhos viven generalmente solos o en pareja; de modo similar, los Contempladores tienden a evitar las multitudes y los grupos grandes.

COLOR DEL CONTEMPLADOR

El color azul nos hace pensar en cielos despejados y lagos montañosos claros y profundos. El azul es calmante, pacífico y tranquilo. Los Contempladores son fríos y calmados cuando están bajo presión y prefieren entornos libres de conflicto. El azul significa la inteligencia, sabiduría, espiritualidad, sensibilidad, soledad y tranquilidad del Contemplador.

Como seres humanos complejos, los Contempladores pueden desear soledad y contentamiento, pero no quieren una vida de vacío o de separación total del mundo.

Cuando escuches los ritmos entrelazados de la vida que te rodea, asegúrate de mantener el oído afinado en busca del ritmo que los Contempladores añaden a la sinfonía. Ellos sí que marchan a un ritmo distinto, pero ese ritmo es el pulso firme, calmado y consistente que añade paz y contentamiento a la vida. Celebra a los Contempladores y su influencia profunda y amable en nuestro mundo.
—Anna Kendall

CARACTERÍSTICAS O ATRIBUTOS POSITIVOS DE LOS CONTEMPLADORES

Quienes tienen Contemplador como su lenguaje principal o primario tendrán la mayoría o muchas de las características siguientes. Quienes tienen Contemplador como su segundo o tercer lenguaje, y así sucesivamente, tendrán menos de estas características. *Para más detalles, ver el Apéndice G.*

Cauto	Pensador complejo	Necesita tiempo a solas
Busca contentamiento	Tranquilo	No es fácilmente controlado
Muestra deferencia	Privado	Pensador profundo
Determinado	Tiene límites bien definidos	Valida la verdad
Leal	Guarda su tiempo	Investiga hechos
Visiblemente insensible	Inusual sentido del humor	Piensa antes de hablar
Le disgusta el cambio	Verbal cuando le interesa	Coeficiente Intelectual más alto
No muy sensible	Calmado	Evita el conflicto
Necesita espacio privado	Cómodo con el silencio	Filosófico y estudioso
Tiene muchos intereses	Aprendiz de por vida	Analítico

Aproximadamente el 14 por ciento de la población habla Contemplador como su principal Lenguaje de Vida.

Cualquier Lenguaje de Vida puede tener un CI elevado o incluso de genio. Sin embargo, hemos observado que la mayoría de los contempladores tienen un CI más elevado que el promedio. A menudo son miembros de la Asociación Internacional de Superdotados (Mensa).   —Anna Kendall

CUATRO CLAVES PARA LA COMUNICACIÓN EXITOSA

1. Responder a la pregunta de filtro: *"¿Estoy interesado en esto?".*

Así es como los Contempladores ven (y monitorean) el mundo exterior de las comunicaciones. Si los Contempladores no están interesados en lo que se está diciendo, puede que se desconecten de otros al instante. Parecen desaparecer literalmente delante de nuestros ojos. A menudo no hay respuesta por parte de un Contemplador, ya sea verbalmente o visualmente, cuando eligen desaparecer.

Las personas que trabajan con Contempladores diariamente nos dicen a menudo cosas parecidas a las siguientes: "Hay veces en que quiero 'llamar' a su frente con mi mano cerrada y preguntar: 'Hola, hola, ¿hay alguien en casa?'".

Los comunicadores Contempladores maduros pueden decidir enfocarse en lo que se está diciendo y expresar un interés educado como modo de mantenerse conectados con un grupo y mostrar interés.

2. Satisfacer la necesidad por parte de otros: *Espacio personal*

Los Contempladores no competirán por el "espacio" en reuniones donde están hablando varias personas. Deciden quedarse sentados en silencio. El Contemplador puede tener las respuestas que estás buscando, pero no competirá con otros para *decírtelo*. Los Contempladores necesitan que les pregunten qué piensan.

Algunos individuos son vigorizados por estar cerca de un grupo de personas, pero los Contempladores tienden a sentirse agotados. En cierto punto, necesitan espacio personal y *tiempo a solas* para volver a vigorizarse. Después de eso, pueden volver a interactuar.

3. Alentar la pasión: *Conocer*

Los Contempladores son generalmente estudiantes de por vida. Muchos obtienen posgrados, y siguen estudiando en la universidad por muchos años. No están ahí solo para obtener un título, ¡sino porque hay mucho que aprender! Los Contempladores a menudo pasan toda su vida en un estado continuo de aprendizaje. Con frecuencia siguen sus intereses intelectuales en lugar de seguir la senda de la especialización en su carrera. Su capacidad para estudiar y aprender *conocimiento* hace que sean una valiosa adición a cualquier equipo.

4. Validar el carácter: *Lealtad*

Los Contempladores tienen una gran lealtad hacia el pasado y el presente. Si su familia tenía cierta raza de perros como mascotas cuando ellos eran pequeños, se sentirían desleales si tuvieran una raza distinta. Hay involucrado cierto grado de nostalgia.

Los Contempladores sienten una lealtad profunda hacia sus amigos y jefes actuales, y hacia viejos amigos que no han visto en años, pero con quienes, sin embargo, siguen sintiendo cercanía. La lealtad es una fortaleza de carácter muy poderosa, y los Contempladores son brillantes, tranquilos y leales.

RASGO ESENCIAL A CULTIVAR: CONEXIÓN

Los Contempladores pueden parecer bastante autosuficientes, existiendo sin parecer tener muchas relaciones cercanas. Sus intereses son tan variados que no necesitan personas ajenas para estar entretenidos. Encuentran maneras de entretenerse que, por lo general, implican actividades eruditas que les permiten seguir aprendiendo y creciendo. La mayor parte del tiempo ellos no se dan cuenta de que no están conectando con otros.

Pero para ser exitosos, los Contempladores necesitan aprender a conectar, comunicarse y desarrollarse socialmente y profesionalmente. En la mayoría de los casos, cuando descubren la importancia que tienen para otros, los Contempladores normalmente son bastante capaces de establecer conexiones y conversar.

HÁBITO DE ÉXITO A DESARROLLAR: CERRAR LA BRECHA ENTRE PENSAMIENTO, SENTIMIENTO Y ACCIÓN

A los Contempladores les gusta pensar, recopilar datos, considerar, razonar, analizar, y *entonces pensar más*. Mientras están pensando, normalmente *no* están hablando. Para disminuir esas brechas de comunicación, sería adecuado para los Contempladores dialogar sobre parte de sus pensamientos para que otros no se sientan dejados fuera.

Para ser un Contemplador saludable, deben buscar maneras de reconocer los sentimientos de otros. Los Contempladores sí sienten, pero de modo muy profundo y callado. A veces las personas malinterpretan su lenguaje corporal y piensan que están apartados y poco interesados.

> El alma disfruta de silencio y paz, no mediante muchos razonamientos, sino más bien simplemente contemplando la verdad.
> —Pedro de Alcántara, monje franciscano español

CASO DE ESTUDIO DE UN CONTEMPLADOR

Matthew enseña tecnología de la información y es considerado un profesor sobresaliente. Sus clases están siempre llenas; sus alumnos descubren que sus lecciones están llenas de hechos, pero rociadas de humor para establecer puntos. Mientras está en su podio, Matthew se siente bastante cómodo, afable, e incluso extrovertido; pero de nuevo en su oficina es tranquilo, no le gusta ver a muchas personas, y realmente aborrece las reuniones de la facultad o cualquier evento social. No se siente cómodo con la charla trivial o al conocer personas nuevas.

La esposa de Matthew estaba confundida por la dicotomía existente entre su persona profesional y sobre la plataforma, y su personalidad callada en el hogar, donde él parecía preferir el silencio en lugar de hablar. Ella no entendía por qué Matthew prefiere las relaciones individuales, solo ellos y otra pareja, en lugar de una sala llena de personas.

Como regalo de boda, otro miembro de la facultad pagó para realizar el Perfil Kendall de los Lenguajes de Vida a Matthew y su esposa, y también una reunión con un coach/entrenador certificado de los Lenguajes de

Vida. Los recién casados quedaron sorprendidos por los descubrimientos de sus Perfiles. Nos dijeron: "Leer nuestros retratos individuales del Perfil de Lenguajes de Vida fue asombroso, ¡un momento de revelación total para ambos!".

En el Instituto de los Lenguajes de Vida hemos descubierto que la mayoría de las veces, cuando personas se están conociendo y se enamoran, hablan varios lenguajes: expresan el lenguaje principal de la otra persona. Pero tras seis meses de matrimonio, se miran el uno al otro y se preguntan: "¿Qué sucedió? *Solía gustarte lo que a mí me gusta, y ahora no es así*". Ahí es donde se habían encontrado Matthew y su esposa.

Cuando ella entendió de dónde venía Matthew como Contemplador alto, sus dificultades desaparecieron. Ambos aprendieron a comunicarse el uno con el otro, hablando los Lenguajes de Vida apropiados, a satisfacer las necesidades mutuas, y a saber cómo responder a cualquier indicador de peligro.

En el trabajo, Matthew habló abiertamente sobre su Perfil de Lenguajes de Vida y todo el departamento se benefició al ser consciente de los procesos de pensamiento de Matthew. Los otros profesores incluso se rieron de algunos de los juicios preconcebidos que habían hecho sobre él y los malentendidos resultantes.

Lo más importante es que el matrimonio de Matthew está más fuerte que nunca.

Para muchos Contempladores, actividades y charlas pueden continuar por demasiado tiempo, drenando así su energía y salud. Como una batería con poca carga, los Contempladores deben entonces apartar algún tiempo para estar solos y recargar.
—Anna Kendall

INDICADORES DE PELIGRO: JAR

1. **Justificar:** "Bueno, la razón por la que hice eso fue porque...".

El Contemplador que se siente arrinconado intentará justificar su conducta en lugar de reconocerla: "No hice la tarea. Lo siento. La haré ahora". A menudo, es un *problema de orgullo* en el que caen los Contempladores. Son totalmente capaces y generalmente brillantes, y pueden completar fácilmente cualquier tarea que se les asigne. Después de justificar sus acciones o razones, puede que pasen al segundo peligro.

2. **Acusar:** "No dejaste claras tus indicaciones" o "no finalizaste tu parte primero, de modo que *no pude hacer la mía*".

Los Contempladores pueden redirigir la culpa alejándola de sí mismos hacia otras personas, excusándose así por cualquier responsabilidad.

3. **Retirada:** "Si no soy apreciado o valorado, ¡sencillamente me iré!".

Este tipo de comentario orgulloso podría referirse a una reunión en curso o podría tener implicaciones más fuertes, como dejar realmente el empleo. Sin embargo, bajo circunstancias normales como reuniones de personal, los Contempladores no pasan físicamente al tercer indicador de peligro; en cambio, se retirarán emocionalmente y mentalmente.

Aunque a los Contempladores les gusta la atención enfocada y el tiempo de calidad, necesitan espacio personal. Cuando están cerca de demasiadas personas por mucho tiempo, pueden ir hacia el peligro. Un amigo o compañero de trabajo observador que reconozca estas señales de peligro puede ayudar a un Contemplador a encontrar un lugar tranquilo para pensar en paz.

CASO DE ESTUDIO: GERENTE AL QUE SE LE DA TIEMPO PARA PENSAR

He establecido como prioridad estudiar el retrato de comunicación de los Lenguajes de Vida de todos mis ejecutivos. Tengo una gerente de planta que es Respondedor/Contemplador muy alto. Es una de las mejores empleadas que he tenido alguna vez en mi equipo, de modo que cada mañana tenemos una reunión "amigable"... seguida de una lista de cosas que quiero que ella comente, y también que ofrezca sugerencias que crea que serían productivas para las operaciones de la planta.

He descubierto que si le doy el tiempo que necesita para procesar los temas que cubrimos en nuestras reuniones, incluso si es incómodo y tengo que esperar a veces por varios días, lo que ella plantea como soluciones es consistente y brillante.

> Soy un firme creyente en que aprender el retrato de comunicación de tu equipo te conducirá a un éxito inmensurable en el entorno laboral.
>
> —John Paty
> dueño de Paty Preferred Meat Col, Dallas, TX

ESTILOS DE LIDERAZGO

- Normalmente brillante y con un CI elevado

- No se siente obligado a hablar.

- Generalmente comparte conocimiento después de pensar seriamente en el tema o problema y haber realizado investigación.

- Tiene la habilidad de interesarse profundamente, aunque en general calladamente.

- Leal con quienes lidera

- Privado por naturaleza

- Verbal cuando está interesado o cuando enseña o lidera

- Tranquilo socialmente

- Espera que otros manejen su área particular de responsabilidad.

- Proyecta una actitud de liderazgo y una atmósfera de trabajo pacíficos.

Los Contempladores son líderes callados y pacíficos que imparten sabiduría, madurez y habilidad a otros. Buscan verdades, hechos o información más profundos. Los

Contempladores validan la dirección, esperando que otros hagan su trabajo y dándoles autonomía para que lo realicen.

OTROS RASGOS DE LIDERAZGO

Una filosofía cultural de los Contempladores: "Al trabajar independientemente y compartir sobre la marcha, seguiremos mejorando y alcanzando más".

Estructura organizacional de un Contemplador: autonomía unificada

En la salud, el Contemplador es un líder sensible, intelectual y considerado.

En el peligro, el líder Contemplador es insensible, unilateral y pasivo-agresivo.

POSIBLES PROFESIONES

Los Contempladores pueden ser músicos, matemáticos, desarrolladores de software, delineantes, ingenieros, lingüistas, profesores universitarios, médicos, científicos, investigadores, fotógrafos, guardas forestales, bibliotecarios, carteros, escritores, pilotos, actores y abogados.

Los Contempladores tienden a preferir un estilo de vida privado. Prefieren paz y tranquilidad en lugar de ruido, confusión, y multitudes de personas o reuniones grandes. Les gusta evitar a los grupos grandes y prefieren las relaciones individuales, donde pueden expresar sus pensamientos profundos y ser oídos por encima del rugir de una multitud.

—Anna Kendall

IDEAS PARA LA COMUNICACIÓN

Las siguientes ideas son útiles para la comunicación con un Contemplador:

+ *Ideas verbales*: Escuchar palabras de pensamiento y reflexión: "Déjame pensar en esto y volveremos a hablar..." o "investigaré esto". Puede que haya largas pausas en la conversación cuando te están hablando.

+ *Ideas no verbales*: A los Contempladores les gusta mantener un amplio espacio personal alrededor de sí mismos al conversar. Ocasionalmente pueden quedarse con la mirada perdida como "un profesor con la mente ausente". Los Contempladores generalmente tienen uno o más títulos universitarios.

+ *Ideas visuales*: Hay abundante estimulación intelectual en su oficina y su hogar sobre muchos temas variados. Sus espacios son generalmente interesantes. Probablemente haya desorden, obras de arte, objetos relacionados con los idiomas, antigüedades, y numerosos objetos extraños. Los Contempladores normalmente visten de modo casual y los hombres a menudo tienen barba.

+ *Frases de afirmación*: Dales tu atención enfocada y no te acerques mucho a su espacio personal. Usa, para empezar, frases en forma de pregunta, como: "¿Cuáles son tus ideas?", "¿Has considerado...?" y "Traje esta investigación sobre la que me gustaría tener tu opinión". Permite que haya silencio. Si un Contemplador hace una pausa, deja que piense por tanto tiempo como sea necesario. Recuerda: la mayoría de los Contempladores toman tiempo para pensar y a veces repensar. ¡Sé paciente!

+ *Conducta que puede frustrar a un Contemplador*: Empujarlos a la acción inmediata o a una decisión inmediata; no respetar su necesidad de espacio, tiempo a solas o silencio; demasiada charla trivial sobre temas que no les interesan; dejar caer que no entienden cómo te sientes *tú*; retar su inteligencia; cuestionar su modo de hacer las cosas; o no entender una conclusión que han establecido. A los Contempladores les resulta difícil manejar la crítica, el caos, la confusión o demasiado ruido.

+ *Maneras de motivar a un Contemplador*: Elogiar su razonamiento o habilidades analíticas. Expresar interés en su lógica y respuestas bien pensadas. Diles: "Déjame darte algún tiempo para considerar esto" y "¿Qué te gustaría que te proporcionara?". No presionarlos para que tomen decisiones; darles tiempo. Puede que se resistan al cambio. Debes hacer que se sientan cómodos reflejando su postura y actitud.

EJEMPLO DE UN CONTEMPLADOR FAMOSO

Yo no tengo talentos especiales. Solamente soy apasionadamente curioso. —Albert Einstein [19]

Generalmente, cuando los Contempladores pasan tiempo a solas, su brillo cognitivo y su creatividad piensan

---

19. *The Collected Papers of Albert Einstein*, Princeton University Press (einsteinpapers.press.princeton.edu).

en perspectivas o descubrimientos asombrosos. El científico y matemático Albert Einstein es más conocido por su ecuación E=mc² (energía es igual a masa por la velocidad de la luz al cuadrado) y su teoría general de la relatividad, que explica que lo que percibimos como gravedad surge de la curvatura del espacio y el tiempo.

Cuando le regalaron una brújula a los cinco años de edad, él se maravilló del modo en que señalaba constantemente en una dirección a pesar de lo que él hiciera. Eso despertó su pasión de por vida por el aprendizaje: un rasgo de Contemplador.

La ropa de Einstein estaba siempre arrugada, y su cabellera blanca y desaliñada le hacía parecer un "científico loco". Explicaba que nunca llevaba calcetines porque sus dedos de los pies eran muy largos y finalmente hacían agujeros en ellos. Los Contempladores "marchan a un ritmo diferente" y esto sin duda se aplica a las elecciones de vestuario.

Einstein tenía un maravilloso sentido del humor. En una ocasión, cuando le pidieron que explicara la teoría de la relatividad, dijo: "Pon tu mano sobre una estufa por un minuto, y parece una hora. Siéntate junto a una muchacha bonita por una hora, y parece un minuto. ¡Eso es relatividad!".[20]

En su ensayo, *Notas para una autobiografía*, publicado en *The Saturday Review*, en noviembre de 1949, Einstein escribió:

---

20. The Albert Einstein Website Online (www.alberteinsteinsite.com).

Para mí no es dudoso que nuestro pensamiento continúa durante la mayor parte sin el uso de señales (palabras) y más allá de eso, inconscientemente, a un grado considerable. Porque ¿cómo a veces "nos preguntamos" de modo bastante espontáneo sobre alguna experiencia? Este "preguntarnos" parece suceder cuando una experiencia entra en conflicto con un mundo de conceptos que ya está suficientemente fijado en nosotros. Siempre que se experimenta ese conflicto de manera fuerte e intensa, reacciona de nuevo en nuestro mundo pensante de modo decisivo.

NOTAS

LA LLAVE PARA LA COMUNICACIÓN EXITOSA CON LOS LENGUAJES DE VIDA KENDALL™

RESPONDER A LA PREGUNTA DE FILTRO
– SATISFACER LA NECESIDAD –
ALENTAR LA PASIÓN–VALIDAR EL CARÁCTER

	Autor	**Hacedor**	**Influyente**
Características principales	Innovador Directo Estándares altos	Práctico Diligente Detallado	Intuitivo Inclusivo Entusiasta
Pregunta de filtro	"¿Cuál es tu motivación?".	"¿Estás haciendo tu parte?".	"¿Nos estamos comunicando?".
Necesidad de otros	Acción y congruencia	Acción y Apreciación	Afirmación y conectividad
Pasión impulsora	Innovar	Finalizar	Alentar
Fortaleza clave de carácter	Valor	Confiabilidad	Entusiasmo
Indicadores de peligro	**ADA**: Ataque, Demanda, Ataque de nuevo	**MAQ**: Martirizado, Acusatorio, Quejas	**NAE**: Negación, Argumentación, Escape
Si permanecemos en "Indicadores de peligro" sin volver a la comunicación saludable, podemos descender a un peligro mayor.			
Cualidades esenciales a desarrollarse	Mantenimiento	Delegar	Integridad a su palabra
	Espíritu de finalizador	Mirar hacia delante	Escuchar activamente

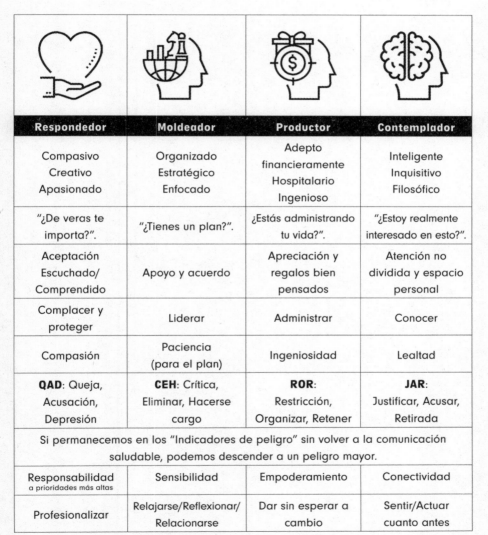 Respondedor	Moldeador	Productor	Contemplador
Compasivo Creativo Apasionado	Organizado Estratégico Enfocado	Adepto financieramente Hospitalario Ingenioso	Inteligente Inquisitivo Filosófico
"¿De veras te importa?".	"¿Tienes un plan?".	¿Estás administrando tu vida?".	"¿Estoy realmente interesado en esto?".
Aceptación Escuchado/ Comprendido	Apoyo y acuerdo	Apreciación y regalos bien pensados	Atención no dividida y espacio personal
Complacer y proteger	Liderar	Administrar	Conocer
Compasión	Paciencia (para el plan)	Ingeniosidad	Lealtad
QAD: Queja, Acusación, Depresión	**CEH**: Crítica, Eliminar, Hacerse cargo	**ROR**: Restricción, Organizar, Retener	**JAR**: Justificar, Acusar, Retirada
Si permanecemos en los "Indicadores de peligro" sin volver a la comunicación saludable, podemos descender a un peligro mayor.			
Responsabilidad a prioridades más altas	Sensibilidad	Empoderamiento	Conectividad
Profesionalizar	Relajarse/Reflexionar/ Relacionarse	Dar sin esperar a cambio	Sentir/Actuar cuanto antes

PARTE TRES

CÓMO USAR EL PERFIL KENDALL DE LENGUAJES DE VIDA

11

COMUNICACIÓN CORPORATIVA

El Programa de los 7 Lenguajes de Vida es tan sencillo que un joven adulto podría dominarlo, y también es tan profundo que pueden ser necesarios dos o tres años para que se convierta en una parte funcional de una mano de obra interna o de la cultura corporativa. Cuando las personas se comprenden verdaderamente unas a otras, los resultados positivos pueden ser interminables. Hemos visto cómo la enseñanza de *Comunicación inteligente* del Instituto de los Lenguajes de Vida, tanto en línea como presencial, ha llegado a fortalecer relaciones no solo en empresas, sino también en vidas personales. Nos ha emocionado entrenar y certificar coaches de Lenguajes de

Vida para que nos ayuden a construir puentes de comunicación en todo el mundo.

TESTIMONIO DE UNA DIRECTORA DE RECURSOS HUMANOS

Amanda, directora de Recursos Humanos, nos dijo:

Teníamos un conflicto entre dos compañeros de trabajo en el mismo equipo. Su desacuerdo se había hecho tan grande que estaba influyendo en su relación a nivel personal. Por fortuna, ambos individuos habían tomado recientemente el Perfil de los Lenguajes de Vida y fue el instrumento perfecto para ayudarles a resolver el conflicto. Al repasar sus perfiles, tuvieron un verdadero momento de revelación, y les ayudó a entender mejor *por qué* respondían de ese modo entre ellos y ante la situación. Esta consciencia y revelación forzó a estos individuos a apropiarse de la parte que desempeñaban en el conflicto. Asombrosamente, todo esto sucedió incluso antes de que yo pudiera llevar a ambos a buscar una conclusión positiva.

Cuando me reuní con los dos juntos, repasamos cada uno de sus perfiles. ¡No puedo decirles cuán útil fue ese 'paseo'! Ambas partes pudieron ver mejor no solo *por qué respondían* del modo en que lo hacían, sino que también fueron capaces de entender mejor por qué su compañero de trabajo respondía como lo hacía. No solo se habían apropiado de sus propias acciones en el conflicto, también cada uno encontró una mayor comprensión que nunca antes había tenido acerca de su compañero de equipo. Cuando terminamos la reunión, se dieron un apretón de manos, rieron, y dialogaron de divertirse un poco fuera del trabajo.

No puedo exagerar al decir que el Perfil de los Lenguajes de Vida ha sido una herramienta muy valiosa para nuestro entorno laboral. ¡Recomiendo encarecidamente que cualquier empresa convierta el Perfil de Lenguajes de Vida en una parte del proceso de desarrollo de sus empleados!

EL ELEVADO COSTO DE LA MALA COMUNICACIÓN

La mala comunicación le cuesta a una organización tiempo y dinero, tanto inmediatamente como a largo plazo. Los malentendidos demoran proyectos, reducen la productividad, y causan estrés y tensión innecesarios entre compañeros de trabajo. Incluso si ambas partes en un conflicto en el entorno laboral quieren dejar atrás su desacuerdo, puede salpicar a sus relaciones en el futuro. También puede afectar a otros en la organización.

Aprender los estilos de comunicación de los 7 Lenguajes de Vida hace más que tan solo enseñar a las personas a comunicarse. Les enseña cómo pensar diferente, controlar las emociones, estructurar mejor la acción, manejar el conflicto, construir equipos eficaces, y dar dirección al desarrollo de liderazgo estructurado.

RESUMEN DE LOS BENEFICIOS

+ **Comprensión mutua.** La comunicación eficaz provee claridad a la gerencia y también a los empleados. Cuando un empleado puede comunicar de modo preciso lo que está pensando o sintiendo, la gerencia puede anticipar mejor y satisfacer las necesidades del empleado. Lo mismo se aplica a las relaciones con clientes. A los empleados que saben comunicarse más eficazmente con los clientes les resultará más fácil trabajar con ellos, incluidos quienes están molestos o se muestran hostiles.

+ **Menos drama y conflicto.** A los empleados que están entrenados en los Lenguajes de Vida les resulta más fácil entenderse entre ellos y experimentar así menos tensión en el entorno laboral. Los desacuerdos pueden resolverse más fácilmente porque cada persona conoce el punto de vista del otro. Hay menos malentendidos, discusiones y sentimientos de frustración.

+ **Mejores índices de retención de clientes y empleados.** Dar a clientes y empleados la cantidad correcta de atención comienza con habilidades de comunicación. Empleados y clientes insatisfechos que sienten que son *solamente un número* no se quedan por mucho tiempo en una organización.

Un sondeo Gallup en 2018 descubrió que solamente el doce por ciento de los empleados, sin tener en cuenta la industria, están de acuerdo firmemente en que su organización hace un gran trabajo a la hora de reclutar a nuevos empleados.[21] No ayudar a un nuevo contratado a adaptarse a una empresa y a sus productos y servicios puede evitar que esa persona forme un vínculo fuerte con el jefe. No es extraño, entonces, que hasta el cincuenta por ciento de los empleados se van dentro de los dieciocho primeros meses de empleo, según la Sociedad para la Gerencia de Recursos Humanos. Ese tipo de reemplazo puede afectar los beneficios y causar problemas de moral entre el equipo existente.

El mayor reto de cada jefe es entender cómo comunicarse con sus talentosos empleados y mantenerlos activos y motivados para el empleo a largo plazo. Hemos escrito este libro para ayudar a las organizaciones a preparar estrategias para mantener a su equipo conectado y comprometido.

En la comunidad corporativa, la comunicación entre ejecutivos, empleados y clientes es el 'aire' que crea productividad. Cuando no está bien definida o no es bien entendida, el 'aire' se vuelve viciado, poco sano, tóxico y caótico. Este tipo de cultura corporativa hace sudar a todos, desde la sala de juntas hasta la sala de personal. Pero cuando el aire es filtrado mediante la comunicación mutua, positiva y basada en el carácter, todos respiran mejor porque entienden los Lenguajes de cada quien. La cultura se vuelve inspiradora en lugar de ser combativa. Las diferencias quedan despersonalizadas mediante nuestra evaluación de comunicación personal, la cual tiene del 92 al 98 por ciento

---

21. Consulta en línea: https://news.gallup.com/opinion/gallup/234419/why-onboarding- experience-key-retention.aspx (consultado en línea 12 de septiembre de 2018)

de certeza sobre los últimos veinticinco años. ¡Eso dice algo! Elimina todas las suposiciones sobre cómo manejar bien a las personas y desarrollarlas estratégicamente. Empodera para tratar con cada individuo en tu equipo basado en qué y cómo necesitan ellos la comunicación por tu parte. De igual modo, capacita a tu equipo para conocerte y saber qué y cómo necesitan responderte. A todos los niveles, ¡todos salen ganando!".

—Gerald Parsons, Jefe de Operaciones del Instituto Internacional de los Lenguajes de Vida

Ya sea que estés comenzando tu propio negocio o incorporándote a una nueva empresa, seas un supervisor establecido o un oficial empresarial, los estilos de comunicación de los 7 Lenguajes de Vida aumentarán tu éxito a todos los niveles. Cuando las personas llegan a ser ejecutivos de primer nivel, la experiencia técnica o funcional y los puntos fundamentales del negocio importan menos que las habilidades de liderazgo, incluidas la habilidad de comunicar y expresar visión con claridad.

CASO DE ESTUDIO DE INTERCAMBIO DE TRABAJO

Estábamos trabajando con una agencia de seguridad, y el sheriff nos pidió que realizáramos un taller para todos los segundos al mando, que eran jefes de varios departamentos. En la mitad del día, tras repasar el Perfil de Lenguajes de Vida de cada uno, los cinco hombres y una mujer se volvieron muy transparentes verbalmente, lo cual es bastante inusual en los oficiales de seguridad.

La jefa dijo: "Bueno, si estamos siendo realmente sinceros, no creo que todas mis obligaciones asignadas utilicen mis mayores fortalezas". Ella se ocupaba de la mayoría de las tareas de relaciones públicas y tenía que dar discursos personalmente y asistir a numerosas actividades públicas, desde grandes aperturas de negocios hasta inauguraciones. Además, como Autor fuerte, a menudo se veía empujada a entrevistar a víctimas y a sus familias.

"Estoy de acuerdo con ella", dijo otro jefe. "Tras leer mi perfil, tampoco creo que todas mis tareas asignadas estén en consonancia con mis fortalezas. He querido hablar de ello por mucho tiempo, pero no sabía cómo". Él era jefe de un equipo de SWAT (Unidad de Armas y Tácticas Especiales, por sus siglas en inglés), y su primer lenguaje era Influyente. Este jefe nos dijo que en su tiempo libre estaba involucrado en varias organizaciones comunitarias, y con frecuencia lo llamaban para dar palabras de ánimo, especialmente en escuelas.

El sheriff, que también tenía Autor como primer lenguaje, los miró, nos miró a nosotros, y entonces dijo: "¿Quieren intercambiar sus trabajos?".

Ambos aceptaron la oportunidad; por lo tanto, fijaron un tiempo para explorar los cambios en los departamentos.

El sheriff había creído que la jefa sería mejor con víctimas y relaciones públicas, pero lo cierto era que ella siempre había querido dirigir un SWAT, y ella tenía las habilidades y capacidades del Lenguaje de Vida para hacer potencialmente un trabajo estupendo. El jefe ciertamente sabía dirigir la división SWAT, pero su corazón estaba en las relaciones. Le encantaba relacionarse con el público porque su estilo de comunicación preferido era Influyente.

Todo funcionó bien, y hemos seguido sirviendo a esta organización.

IDEA CLAVE

Tener a las personas correctas en los trabajos adecuados es fundamental para el éxito de una organización o los beneficios finales de una empresa. Un individuo no tiene por qué ocupar una posición de alto ejecutivo o ganar un salario de seis cifras para marcar un impacto. La gerencia superior podría no conocer ni siquiera los nombres de las personas que trabajan en el campo, y sin embargo esas personas pueden ser claves para la salud y eficacia de la empresa.

Una de las mejores maneras de asegurar que las personas estén en los trabajos adecuados es descubrir sus estilos de comunicación. De otro modo, ¿cómo sabrías que un Respondedor, por ejemplo, no debería estar metido en un cubículo? ¿O por qué un Autor podría estar frustrado por un trabajo repetitivo que no requiera mucha acción?

EL PERFIL DE LENGUAJES DE VIDA Y EL GOBIERNO DE UNA CIUDAD

A menudo, los problemas de relaciones en el entorno laboral se trasmiten como discriminaciones de género, raza o edad cuando el problema normalmente es de comunicación. Aquí tenemos un ejemplo:

Hace varios años, el Instituto de los Lenguajes de Vida llamó a una ciudad en Texas. Durante nuestra presentación, una directora de recursos humanos nos interrumpió inesperadamente.

"Gracias, pero la ciudad no está interesada en su programa", dijo.

Fin de la historia... o eso creímos. Cuando cerrábamos nuestras carteras y nos preparábamos para irnos, la directora habló de repente.

"Quiero hablarles de mi relación con mi jefe y ver si tienen alguna idea o sugerencia", dijo.

Obviamente frustrada, nos contó que su jefe era un hombre tranquilo y que tomaba decisiones con lentitud, asegurándose de tener antes *todos* los datos. Nos dijo que a él tampoco le gustaban las interrupciones y tendía a mantener cerrada la puerta de su oficina. Finalmente, la directora nos dijo que pensaba que sencillamente ella le caía mal a su jefe.

"Este es el mejor empleo que he tenido jamás", dijo, "pero estoy tan estresada por no sentirme aceptada y apreciada que estoy pensando seriamente en irme". Se preguntaba si el problema era "cosa de la edad" o un problema racial. "No estoy segura. Lo único que creo que sé, es que yo soy mayor que él". La directora terminó su historia diciéndonos que había pensado en todas las soluciones posibles, pero que nada había funcionado.

Después de escuchar la historia muy personal de la directora, estaba claro que ella y su jefe tenían un grave problema de lenguaje, pero que se podía resolver. Le dimos un plan que ella estuvo de acuerdo en seguir estrictamente durante las dos semanas siguientes:

* En lugar de interrumpir a su jefe llamando a su puerta o llamándolo varias veces al día, esperar hasta el final de cada día. Preparar una lista de eventos y mensajes que lo involucraran a él específicamente, fueran de interés para él o necesitaran su atención, todo ordenado por puntos.

* Subrayar de modo destacado cualquier cosa que requiriera una decisión al día siguiente para darle la oportunidad de procesar el problema durante la noche y alcanzar una solución.

* Monitorear todas las llamadas telefónicas entrantes y anotarlas para que él pudiera escoger cuáles devolver, y cuándo.

* No permitir ninguna interrupción durante el día, por ninguna razón, a menos que fuera absolutamente urgente o él lo pidiera.

* Comenzar siempre cualquier comunicación verbal con la siguiente afirmación: "Le daré algún tiempo para procesar 'esto'... y si quiere que haga algo, por favor, déjeme saber".

Al final de la primera semana, la directora nos llamó.

"No van a creer lo que ha sucedido", dijo. "Mi jefe vino hoy a mi escritorio y dijo: 'Mire, creo que finalmente nos estamos situando en sincronía y co-

menzamos a trabajar bien juntos'. ¡Fue verdaderamente un momento maravilloso para mí!".

Debido a ese plan de interacción que sugerimos a la
directora, hemos tenido a esa ciudad como cliente por casi
dieciocho años. Hemos hecho Perfiles a todos los empleados, incluido el personal de bomberos y policía, y ocasionalmente nos llaman como asesores. La directora y su jefe
han asistido frecuentemente a nuestras clases de formación certificada y han compartido su experiencia. Y ellos
nos han dado numerosas referencias, permitiéndonos ayudar a otros gobiernos de ciudades.

CASO DE ESTUDIO: UN RESPONDEDOR/HACEDOR

Cuando estábamos en el negocio de los hospitales
psiquiátricos, tuvimos a una inestimable gerente de oficina cuyo segundo estilo de comunicación influenciaba
el primero. Como Respondedor alto, Sue era maravillosa al trabajar con pacientes y sus familias. Se interesaba
genuinamente y entendía el dolor emocional interior y el
sufrimiento que experimentaba el paciente. Sue cuidaba y
escuchaba a cada paciente y se mantenía involucrada con
ellos hasta que eran tratados por un terapeuta o un plan
de tratamiento que *ella sabía* que les daría la ayuda que
necesitaban.

El segundo Lenguaje de Vida de Sue era Hacedor, de
modo que era diligente, dedicada y responsable. Siempre
finalizaba *todo* lo que comenzaba. No concluía su día
hasta que se había completado de modo preciso toda la

documentación médica, del seguro y del gobierno. Sin embargo, dejaba a un lado esta parte de su trabajo para abordar (con interés genuino) el dolor de cualquier individuo que llegara a su oficina. Sue no era consejera profesional, y sin embargo, mostraba tanto amor e interés que la persona en crisis era aliviada incluso antes de reunirse con un consejero o antes de ser admitida para recibir tratamiento. Su compasión era tan grande, que en muchos casos ella comenzaba el proceso de sanidad del paciente.

UNA AYUDA CONTRAPRODUCENTE

Un día, durante el receso de Sue para almorzar, Fred decidió "ayudarle". Él recuerda:

Miré la oficina de Sue y decidí que conocía una mejor organización física que le ayudaría a sentirse más cómoda y ser más eficiente. Como Autor fuerte, yo tiendo a ver siempre una manera mejor de hacer las cosas, y nunca estoy satisfecho con el *status quo*. Reorganicé todo rápidamente en su oficina. Cuando ella regresó, yo esperaba que se emocionara por mi trabajo duro, ¡y porque había hecho que su oficina fuera mucho más eficiente! Ahora, gracias a todo mi esfuerzo creativo, era mucho más fácil para ella acceder cada área.

Pero Sue se quedó callada. Como esa tarde estábamos muy ocupados, no pensé mucho en lo que parecía ser su estado de ánimo inusual. Al final del día, Sue se acercó a mí y me preguntó tristemente si yo quería que dimitiera. Yo quedé totalmente asombrado.

"¿De qué estás hablando? ¡Eres estupenda en tu trabajo!", le dije.

"Bueno, no debes estar contento con mi trabajo porque reorganizaste mi oficina por completo. Pensé que la estabas preparando para otra persona. Parecía que como la moviste y reorganizaste, no estabas satisfecho con el modo en que yo hago las cosas".

Las personas que tienen Respondedor como su Lenguaje de Vida principal tienden a tomarse las cosas de modo muy personal porque viven involucrando su corazón y su alma para agradar y proteger.

"Sue", le dije, "mira cuán rápido vuelvo a poner todas las cosas como tú las tenías. Te prometo que tu oficina estará otra vez exactamente como estaba antes, hasta el último sujetapapeles".

Más adelante, nos reímos sobre cómo pueden trabajar juntos Autores y Respondedores/Hacedores, pero observamos que también pueden sabotear inconscientemente su relación. Solo porque los Autores tienen ideas que creen que son estupendas, no significa que los demás estén de acuerdo con ellos. Todos estamos en el proceso de crecimiento. A veces ¡es mejor no intervenir en la perfección!

12

LOS "MELLIZOS DE PODER" DE LOS LENGUAJES DE VIDA

En un mundo de concesiones, confusión y caos, necesitamos hombres y mujeres de carácter en todos los ámbitos, especialmente en la fuerza laboral.

Al estudiar los 7 Lenguajes de Vida, observas que cada uno está formado por "cualidades de carácter". Probablemente ya posees y demuestras las cualidades de tu Lenguaje principal indicadas por tu evaluación de Lenguajes de Vida. Si no, con esfuerzo sincero, estas características son alcanzables y pueden convertirse en parte de ti.

Sin embargo, conocer tu Lenguaje de Vida principal o descubrir tu Perfil de Lenguajes de Vida (que muestra los siete estilos de comunicación, desde el que es más fuerte en ti hasta el más débil) no significa que deberías ignorar todos los otros rasgos positivos. Explorar y aprender a utilizar los siete te ayudará a crecer en carácter mientras te conviertes en un comunicador más diestro.

Mientras más se interiorizan estos estilos de comunicación, más atentos nos volvemos en nuestras interacciones.

Las personas que intentan deliberadamente utilizar los rasgos de carácter para manipular o coaccionar a otros, por ejemplo, decirle a un Autor que está bien si no termina una tarea para conseguir que esté en deuda contigo, va en contra del espíritu de lo que nos hemos propuesto lograr. No queremos que nadie utilice los Lenguajes de Vida de esa manera.

LA NECESIDAD DE DESARROLLAR CARÁCTER

Para ser exitoso en la vida, necesitas los "mellizos de poder" que producen los 7 Lenguajes de Vida: comunicación fluida y carácter saludable. Si examinamos las razones por las que rescinden el contrato a los empleados, se reduce a fallos en su carácter, comunicación... o ambas cosas.

Al observar la descarga diaria de noticias y redes sociales, parece que demasiadas personas carecen de un buen carácter. Insultos y conducta grosera e irrespetuosa son a menudo la norma. Imagina lo que eso les está haciendo a nuestro mundo y a nuestros hijos. Mientras más observamos la conducta de tantas personas, más obvio se hace que están atascadas mostrando indicadores de peligro. Carecen de integridad.

Cuando un edificio es fuerte, decimos que tiene integridad estructural; puede soportar un terremoto. La palabra *integridad* se origina de la palabra latina *intacto*, que significa básicamente la capacidad de soportar bajo un enorme estrés.

Algunas personas son incapaces de mantenerse *intactas*, efectivamente, cuando hay una crisis en sus vidas. La tormenta golpea contra ellas y se derrumban casi inmediatamente, con frecuencia en su familia o su carrera profesional. Parecen no ser conscientes del problema subyacente hasta que llega la crisis.

Lo "normal" no prueba tu integridad, pero una crisis sí lo hace. Cuando un negocio sufre una crisis, a menudo es demasiado tarde para arreglar lo que va mal. El daño ya iba en marcha y estaba ocurriendo en tiempo real.

SI ALGUIEN CARECE DE CARÁCTER

Aquí tenemos algunos indicadores de que alguien carece de carácter:

1. **Ensimismado, egocéntrico o egoísta.** Este tipo de individuo dañará una organización, y también a su familia y sus amigos. La vida gira en torno a él o ella. Cuando oímos de alguien que "no quiere andar la distancia", normalmente se refiere a una persona que tiene la reputación de ser alguien en quien no se puede confiar. Una persona egocéntrica y ensimismada raras veces es un jugador de equipo eficaz. Si lo llevamos a un extremo, puede volverse narcisista. Personas así probablemente nunca experimentarán un éxito personal real y

verdadero. Las personas de carácter no ponen continuamente sus necesidades por delante de las de otros en un negocio o una familia.

2. **La autoestima es determinada por otros**. Una persona *segura* y con carácter puede ver el "camino correcto" y liderar a las personas en una situación difícil. Un líder inseguro, o que carece de carácter, se inclinará con cada cambio en la opinión pública, causando finalmente más problemas. Estas personas pueden ser en cierto modo codependientes.

3. **Guarda secretos**. Somos tan poco saludables como los secretos que guardamos. No deberíamos contarle a todo el mundo todo sobre nosotros, pero deberíamos compartir cualquier cosa que nos esté molestando con alguien de confianza y que se preocupa por nosotros. No nos referimos solamente a secretos presentes y del día a día, sino también a secretos que puede que se remonten a la niñez y que aun nos hacen sentir vergüenza o culpa. Tales secretos son como una carga de cien kilos que no podemos soltar. Se necesita mucha energía para soportar esa carga, una energía que podría utilizarse para vivir en la libertad y plenitud del presente.

4. **Fallar en cumplir nuestra palabra**. Esto no se trata solamente de cumplir promesas; se trata de hacer siempre lo que decimos que vamos a hacer. Es mejor no decir nada y sorprender a todos cumpliendo, que proclamar una intención que

sabemos que no podemos cumplir. Las personas pierden la confianza en nosotros cuando constantemente aceptamos tareas que no finalizamos. Decir que haremos algo y después no hacerlo es inmaduro y muestra una falta de carácter.

5. **Demasiadas concesiones.** El liderazgo no se trata de conseguir caer bien a todo el mundo o encontrar el camino más fácil. Se trata de encontrar el mejor camino para avanzar, incluso cuando nuestras decisiones no tengan la aprobación de los demás. Si hacemos demasiadas concesiones en los negocios o en nuestra vida personal, estamos abocados a ser ineficaces. Las concesiones también muestran una falta de carácter y compromiso; sin embargo, *podemos* buscar consejo sabio sobre decisiones importantes.

6. **Rechazar la corrección apropiada.** A nadie le gusta que lo corrijan; puede parecer crítica, lo cual puede hacer que nos pongamos a la defensiva. Podemos negar que estamos equivocados; pero si tomamos una decisión consciente de escuchar la corrección, considerarla y apreciar a la persona que la está ofreciendo, estaremos mostrando carácter. Está bien decir: "Déjame pensar en esto" o "Me gustaría procesar esta idea". Después de evaluar abiertamente la corrección, si decidimos hacer el cambio que nos sugieren, mostramos carácter agradeciendo a la persona que la ofreció.

7. **Buscar consistentemente reconocimiento personal.** Todos conocemos a personas que dicen

continuamente "yo" en lugar de "nosotros", incluso cuando hay un logro de equipo o de departamento por el cual debería compartirse el elogio y reconocimiento. Pronto, se agota la energía del equipo y los individuos que fueron ignorados se sienten devaluados.

LOS PROBLEMAS *LLEGARÁN*

Es imposible para cualquiera pasar por la vida sin tener problemas. Cuando tienes carácter, puedes enfrentar cualquier problema profesional o personal.

Hemos visto a hombres y mujeres que han ascendido a cierto nivel de éxito en los negocios, los deportes, el entretenimiento, la política e incluso la religión, y después caer desde posiciones destacadas debido a fallos de carácter. El carácter se revela con más frecuencia en una persona exitosa cuando hay fuertes tentaciones que implican dinero, poder o sexo.

> El éxito no se alcanza por accidente. Hay que trazar el rumbo desarrollando buen carácter y buenas habilidades de comunicación.   —Anna Kendall

El carácter saludable finalmente te llevará más lejos que la educación, el talento, la ambición, las capacidades y la experiencia. Se ha dicho que todos nos convertiremos en una persona de carácter... o en un personaje.

El carácter se trata de algo más que tan solo hacer lo correcto. Se trata de desarrollar el tipo de corazón y de mentalidad que pueden sobrevivir intactos a una crisis.

¿CÓMO CONSTRUIMOS CARÁCTER?

1. **Sé completamente honesto contigo mismo.** De todas las mentiras que contamos, las que nos contamos a nosotros mismos son las más dañinas. Cuestiona tus propios motivos y deja de *justificar* lo que sabes que podría estar equivocado, o al menos estar en una zona gris. Deja de excusarte.

2. **Busca consejo sabio.** Todos tenemos puntos ciegos. Una cosa es ser honesto contigo mismo, pero a veces podemos ser ciegos a nuestros propios fallos que son obvios para los demás. Encuentra dos o tres personas a las que respetes, en quienes confías y crees en ellas. Tal vez no sea fácil, pero pídeles comentarios honestos y francos con respecto a cómo te ven a ti y tu vida. Quizá quieran poner por escrito sus ideas en lugar de hablar contigo personalmente. Puede que te digan cosas sobre ti mismo que son desagradables, pero es información valiosa. Úsala para aprender y crecer.

3. **No busques popularidad.** Hacer lo correcto casi nunca es fácil y quizá no sea popular. No es cuestión de creer que siempre tienes la razón y todos los demás están equivocados; simplemente significa que vas a vivir con una perspectiva a largo plazo de qué hacer, soportando el dolor inmediato a cambio de un beneficio a largo plazo. La persona madura de carácter tiene la capacidad de posponer la gratificación inmediata a cambio de beneficios futuros.

4. **Sé adecuadamente transparente.** A todos nos gustaría ser algo que no somos. Debes estar dispuesto a admitir tus carencias. No tienes que contarle a todo el mundo aquello con lo que "luchas", pero necesitas contárselo a alguien que conozcas y en quien confíes. Parte de ser honesto contigo mismo es ser honesto con los demás. Y por mucho que temas a que todos piensen mal de ti, vivir con transparencia y no fingiendo ser alguien que no eres, realmente hace que las personas piensen mejor de ti.

5. **Estudia las vidas de personas de carácter.** Aprende de sus vidas y experiencias. Estos individuos pueden hacer que queramos mejorar, emularlos, y dejar una herencia perdurable para futuras generaciones. Si estudiamos las vidas de hombres y mujeres exitosos en los primeros años de nuestra nación, descubriremos que su éxito vino de un carácter positivo profundamente arraigado, que se enseñaba de modo consistente en escuelas, iglesias y hogares. Carácter e integridad se consideraban el fundamento básico de una persona exitosa. Humildad, modestia, justicia, valentía, paciencia, honestidad y bondad eran cualidades de carácter que, en el pasado, eran los principios básicos de una vida eficaz y exitosa.

6. **Estudia las cualidades del carácter.** Descubre tu Perfil Kendall de los Lenguajes de Vida y concéntrate en fortalecer cada cualidad. También es eficaz si en todo un departamento o familia pue-

den trabajar juntos en esto de modo *divertido*. Por ejemplo, podrías necesitar trabajar en la puntualidad, la organización o la diligencia. Pide a otros que te ayuden a mejorar en estas áreas mientras tú los ayudas a ellos en áreas que les gustaría fortalecer. Todos crecerán; es una situación en la que verdaderamente todos ganan.

7. **Aplaude el carácter que ves en otros.** Esto refuerza el carácter en ti y en ellos. Sé alguien que "encuentra carácter", no que "encuentra fallas".

El carácter se revela, a menudo, en las pequeñas cosas. Por ejemplo, si la factura en un restaurante no incluye un postre o una bebida que sí se consumió, alguien con carácter lo hará saber al camarero.

Una persona que debería asumir la responsabilidad de un error, pero *deliberadamente* no dice nada, y a sabiendas causa que otro reciba el daño o la culpa, tiene una grave falla de carácter.

El mejor índice de una persona de carácter es cómo trata a las personas que no pueden causarle ningún bien... o cómo trata a las personas que no pueden corresponderle o no lo harán.
—columnista asesora Abigail Van Buren

Por desgracia, muchas personas no saben realmente cuáles son las buenas cualidades de carácter, cómo obtenerlas, o cómo vencer los rasgos de carácter negativos. El desarrollo de carácter es un proceso de crecimiento diario y para toda la vida. Es intencional y deliberado, y puede requerir tanto esfuerzo como el de trabajar para hacer músculo o perder peso.

Sin importar cuál sea tu producto o servicio, estás en el negocio de las personas. Si inviertes en tu gente, tendrás una mayor oportunidad de liderar en tu mercado por encima de otras empresas que no lo hacen. Nuestro sistema de *Comunicación inteligente* incluye el camino y los medios para hacer crecer tu empresa, y que tenga una cultura de carácter y respeto hacia los demás, hacia tus clientes y hacia tus proveedores.

EL MEJOR RECONOCIMIENTO

El reconocimiento más efectivo es cuando reconocemos el carácter y no los logros, ya sea elogiando a empleados, amigos, hijos, o cualquier otra persona. Cuando una tarea se finaliza bien, elogia su diligencia o su atención al detalle, su seguimiento y su creatividad.

Un verdadero elogio es profundo y sincero. En lugar de elogiar la tarea, elogia la cualidad de carácter que completó la tarea. Por ejemplo, podrías decir: "Es asombroso cómo siempre eres capaz de encontrar las soluciones adecuadas; y debido a tu diligencia, ¡el proyecto pudo finalizarse antes de la fecha límite! Me alegra mucho que estés en nuestro departamento". O podrías decirle a alguien: "Realmente aprecio tu perseverancia". Eso es mucho más personal que decir simplemente: "Buen trabajo".

COMUNICACIÓN BASADA EN EL CARÁCTER

Como una persona de carácter, quieres ser un buen comunicador. El lenguaje no es solamente palabras. Para una persona sorda, el lenguaje es vista y signos con las manos que hablan en el silencio. Para una persona ciega, el lenguaje es el sonido que ilumina la soledad de la oscuridad. Para Helen Keller, que era sordociega, el lenguaje era el toque amable de su maestra, Anne Sullivan.

Para un amigo, compañero de trabajo o empleado, el lenguaje puede ser una palabra amable, una palmadita en la espalda, o un reconocimiento agradable y reconfortante de que el "mensaje" fue recibido.

En todo el mundo, el lenguaje es todo un espectro de elementos de comunicación, una combinación de sonidos, vistas, gustos, olores, toques, escritos, dibujos, tiempo, luz, espacio, sentimientos, pensamientos y acciones. ¡Y no se detiene ahí! La comunicación incluye patrones de conducta, posturas y movimiento corporal, y miradas; o miradas fulminantes.

> Mediante los lenguajes, con todas sus facetas, podemos vivir en paz con nuestros congéneres o ir a la guerra para intentar resolver nuestras diferencias. Podemos cantar juntos y en armonía alegres canciones, o podemos gritarnos insultos los unos a los otros con enojo. Podemos experimentar conexión o el dolor de estar desconectados. Podemos trabajar juntos en paz o en dolor. La decisión es nuestra.   —Anna Kendall

Las palabras son uno de los puentes que nos conectan a otros lenguajes. La conducta es otro de ellos. Cuando te comunicas con otros, oyes palabras y observas conductas que pueden ayudarte a entender los Lenguajes de Vida que ellos están hablando, y también tu propio estilo de comunicación.

- Tu Perfil de Lenguajes de Vida revela tu perfil de comunicación.

- Tu perfil revela tus cualidades de carácter.

- Tus cualidades de carácter revelan tus pasiones.

- Tus pasiones revelan tus intereses, y te guían hacia tu propósito.

- Tu propósito revela tu eficacia y tu área para el éxito.

Queremos que seas el mejor "tú" que puedas ser. Tus habilidades positivas y productivas de comunicación del programa Lenguajes de Vida atraerán a otros hacia ti. La comunicación negativa y no productiva alejará a las personas o atraerá a personas poco saludables, negativas o tóxicas.

Serás recordado más por tu carácter que por tus logros.

Nos gustaría compartir las metas de carácter de un conocido nuestro, un hombre profesional de treinta y tantos años que escribe para una red de televisión internacional:

Yo deseo:
1. Llegar a ser un hombre más grande de lo que soy.
2. Fomentar alegría en las vidas de otros.

3. Lograr que mi palabra sea más valiosa que mi firma.

4. Ser la luz del sol que causa que se desarrolle grandeza en las vidas de otros.

5. Ser, y ser conocido como un hombre de fe, compromiso y acción.

6. Hacer que otros se sientan reconocidos y valorados.

7. Vivir una vida que inspire, desafíe y aliente a otros.

8. Ser una brújula que señale al "verdadero norte".

9. Ser un hombre de talento, logro, valentía y perseverancia.

10. Vivir una vida de destino cumplido.

11. Impactar vidas incluso después de haberme ido.

12. Atreverme a ser todo aquello para lo que Dios me creó.

Quizá deberíamos establecer metas, no para ser conocidos o recordados por nuestros logros, sino por nuestro carácter.

13

QUÉ HACER Y QUÉ NO HACER

No queremos que nadie malentienda o posiblemente use mal los 7 Lenguajes de Vida. Nuestros años de investigación y desarrollo se han empleado con la meta final de hacer que este mundo sea un lugar mejor inspirando buen carácter y comunicaciones eficaces.

Cada Lenguaje de Vida es único y puede mantenerse solamente sobre los méritos de sus propias fortalezas y cualidades de carácter. La medida y las características del éxito no están limitadas a algún Lenguaje de Vida en particular. Cada uno de ellos puede ser exitoso en conexión o acuerdo con los otros. Ningún Lenguaje de Vida es mejor o peor que cualquier otro; todos son excelentes, únicos, dinámicos y llenos de grandeza. Lo más importante es que nadie está limitado o definido por los resultados de su Perfil Kendall de los Lenguajes de Vida. Los únicos límites que tenemos son nuestras habilidades, talentos, educación y disposición a trabajar por nuestras pasiones o vocaciones.

QUÉ HACER (SÍ) Y QUÉ NO HACER (NO) PARA LA EVALUACIÓN DE LOS LENGUAJES DE VIDA Y EL PERFIL	
SÍ	**NO**
Acepta tus Lenguajes como únicos y especiales.	Comparar tus Lenguajes con otros y sentirte mejor o peor
Acepta los Lenguajes de los demás como especiales para ello.	Intentar cambiar a otros para que hablen solamente tus Lenguajes.
Reconoce que cada Lenguaje es tan válido como otro.	Criticar las características de los Lenguajes de otros
Aprende a comunicarte con todos los Lenguajes.	Insistir en que otros aprendan tus Lenguajes, en lugar de aprender los de ellos
Ayuda a otros a aprender cómo comunicarse contigo.	Limitarte a ti mismo etiquetándote o etiquetando a otros
Disfruta de las similitudes y diferencias de cada persona.	Darte por vencido en aprender las preferencias de comunicación de otros
Trabaja en fortalecer tus Lenguajes más débiles.	Presumir o excusarte debido a tu lenguaje primario
Escoge el carácter.	Ser tan solo un personaje

Nunca utilices tu Lenguaje principal como una etiqueta o una excusa. No digas: "Bueno, yo no puedo estar a cargo, pues soy Respondedor", o "No esperes que sea compasivo, soy Hacedor". No eres un solo Lenguaje de Vida, sino un individuo complejo que puede que tenga una fuerte preferencia por comunicarse de cierta manera.

Todos hablan todos los 7 Lenguajes de Vida en diferentes niveles y combinaciones. Incluso cuando un Lenguaje puede que sea nuestro sexto o séptimo Lenguaje, aun así podemos hablarlo a diario o cuando nos ayude a comunicarnos o conectar con otra persona. Los Lenguajes de Vida no son para etiquetarte ni limitarte. Su intención es *liberarte*.

VIVA LA DIFERENCIA

Tratar con personas que son distintas a nosotros puede ser frustrante... si decidimos estar frustrados. Ahora que has aprendido sobre los 7 Lenguajes de Vida, sin embargo, tienes la oportunidad de disfrutar de las maneras únicas en las que otros se expresan y se comunican.

SI HAY UNA FIESTA Y ESTÁN REPRESENTADOS TODOS LOS 7 LENGUAJES DE VIDA...

- **Un Respondedor** es el anfitrión y pasa tiempo con todos, uno por uno, dando libremente abrazos o palmaditas en la espalda y ofreciendo un oído que se interesa y escucha.

- **Un Hacedor**, el primer invitado en llegar, comienza de inmediato a hacer todas las cosas prácticas para ayudar, como mezclar y servir bebidas, rellenar bandejas de aperitivos y de papas fritas, y recoger platos usados.

- **Un Influyente** llega tarde y es el último en irse, hablando con todo el mundo, contando chistes, y despidiéndose varias veces antes de irse realmente.

- **Un Autor** (Originador) llega tarde y quiere irse temprano a menos que haya actividades, de modo que el Autor quizá hace que todos participen en un juego de mímica o de adivinanzas.

* **Un Productor** llega a tiempo, con un regalo apropiado, y se va a tiempo después de organizar una salida a un próximo evento especial.

* **Un Moldeador** llega a tiempo, probablemente sin un regalo, y se va a tiempo después de hablar con todos sobre su trabajo y planes para sus vacaciones.

* Si llega **un Contemplador**, él o ella quizá se aleje a la biblioteca o el jardín, o se siente callado y un poco apartado, lejos del grupo, respondiendo preguntas con humor e ingenio, o hablando con mucha pasión y perspectiva sobre un tema en el que el Contemplador está interesado.

APÉNDICE:

CARACTERÍSTICAS DETALLADAS DE LOS 7 LENGUAJES DE VIDA

LIFE LANGUAGES
INTERNATIONAL™

Apéndice A

CARACTERÍSTICAS DETALLADAS DE LOS AUTORES

Valiente	Asume riesgos	Innovador
Osado	Le gusta la emoción	Piensa hacia adelante
Estándares altos	Decidido	Emprendedor
Tenaz	Visionario	Hacedor de cambio
Alta energía	Orientado a resultados	Directo
Hipervigilante	Proactivo	Persuasivo
Personalidad fuerte	Pionero	Verbal
Honesto	Introspectivo	Sensible
Veraz	Asertivo	De ideas creativas
Perceptivo	Dramático	Introspectivo

VALIENTE, OSADO, TENAZ

El lenguaje de Autor, en su forma pura, parece tener una valentía natural como parte de su carácter. Les gusta intervenir y aceptar retos, especialmente los que son nuevos, diferentes y requieren actividad. Hablarán en las reuniones porque tienen la valentía de abordar claramente situaciones difíciles o a personas difíciles. Si están en una situación en la que hay un conflicto o un problema muy controvertible, los Autores no se retraerán. Están dispuestos a confrontar el problema asertivamente, con valentía, justicia y sinceridad.

Los Autores trabajarán bien bajo autoridad, y esperan que otros también lo hagan. Si están en una situación o entorno donde no hay autoridad, darán el paso y llenarán la brecha con bastante naturalidad.

Si los Autores están haciendo algo importante, se vuelven tenaces. Cuando se trata de realizar una tarea, se esforzarán todo lo que sea necesario para asegurar que sea finalizada a tiempo. Hacer suceder cosas es parte del ADN de un Autor.

ASUME RIESGOS, VISIONARIO, INNOVADOR

Los Autores aprovechan las oportunidades. No les asusta algo nuevo. Mientras que otros pueden retraerse, esperando algo seguro, los Autores correrán riesgos y convertirán "una oportunidad de negocios marginal" en un éxito financiero.

Con los ojos de su mente pueden ver claramente la visión y el resultado o meta final; y, por lo general, se les da bien desarrollar la visión de modo que otros sigan y participen. Esto es importante porque en algún lugar entre la visión, la innovación y el resultado final, los Autores a menudo necesitan ayuda para aclarar los pasos de acción que se necesitan para alcanzar la meta. Los pequeños detalles no son su fuerte.

A los Autores les gusta la emoción de un reto, y su estilo de comunicación aventurero y que corre riesgos se suma a ella. Con frecuencia se les describe como paquetes de energía, porque parecen capaces de cualquier cosa. A menudo hacen varias cosas a la vez, aparentemente en movimiento constante. Cuando duermen, no es para descansar, sino para recargar sus baterías para las actividades del día siguiente. Sus mentes están continuamente en movimiento, buscando maneras creativas y mejores de hacer cosas.

Su alta energía también sostiene su vigilancia. Son conscientes de sus entornos y reconocen el peligro o la actividad sospechosa mucho antes de que se produzca.

Los Autores pueden ser amados u odiados, pero ningún Autor será ignorado. Cualquier cosa que hacen, la hacen con entusiasmo y fuerte resolución. Amor fuerte, opiniones fuertes, resultados fuertes, acción fuerte: ¡ocho palabras que mejor expresan la constitución y el carácter de un Autor!

IDEAS CREATIVAS

Los Autores tienen el talento para pensar siempre fuera del molde. Nunca se quedan sin nuevas ideas, nuevos métodos y nuevos procedimientos. Y como son tan creativos con su pensamiento, en la mayoría de los casos sus nuevas ideas son mucho mejores que las viejas o desfasadas que se están utilizando.

Raras veces están satisfechos con el *status quo*. Por lo que respecta a un Autor, siempre hay espacio para la mejora y las nuevas ideas.

ORIENTADO A LOS RESULTADOS, PROACTIVO

Los Autores pueden hablar y escuchar ideas solamente hasta cierto punto, y después pueden frustrarse. Quieren que las reuniones produzcan pasos de acción que generen resultados en cuanto sean implementados. El aburrimiento hará que un Autor ponga fin rápidamente a una reunión de comité que parezca estar avanzando en círculos. Para un Autor, hablar mucho y no actuar es una pérdida de tiempo.

DIRECTO, SINCERO, VERAZ

Los Autores dicen lo que piensan y a veces no son tan diplomáticos o discretos como quisiéramos. Son directos, veraces y van al grano, de modo que no quieren oír una historia que requiera un gran preámbulo. Diles lo fundamental, y después: "Ahora déjame decirte cómo sucedió".

Por lo general, no hay fingimiento en la conversación de un Autor. Raras veces se les da bien mentir o exagerar la verdad. Sus ojos, palabras y lenguaje corporal revelan sus sentimientos sinceros. Los Autores quizá tengan problemas para jugar al póker porque sus expresiones faciales y su lenguaje corporal los traicionan.

DECIDIDO, PERSUASIVO, VERBAL

Ser capaz de tomar decisiones es un rasgo excelente. Ser capaz de tomar decisiones correctas es aún mejor. Los Autores son capaces de tomar decisiones correctas rápidamente y con firmeza.

Pero si la decisión resulta ser equivocada, los Autores se recuperan y prueban algo mejor o algo nuevo. A pesar de todo, nunca pierden su capacidad de ser decididos.

Los Autores son buenos en hablar de modo espontáneo e improvisado. A menudo son agentes de ventas estupendos, ya que pueden vender la visión, la idea o el producto, y no tienen miedo a "cerrar el trato". Casi siempre pueden motivar a otros hacia una decisión.

ESTÁNDARES ALTOS, PERCEPTIVO

Los Autores toman decisiones importantes basándose en sus convicciones y no en sentimientos, lógica o circunstancias. Sus convicciones y normas internas son la luz que les guía. Creen que apuntar a estándares altos ayuda a las personas a estar a la altura de su potencial, y las lleva a ser todo lo que pueden ser.

Por naturaleza, los Autores son flexibles para llegar a soluciones, pero no hacen concesiones cuando se trata de sus creencias fundamentales.

Sus estándares altos y fuertes convicciones les dan una buena consciencia de lo bueno y lo malo. Y tienen la habilidad de percibir con precisión los motivos, el carácter y las razones de las acciones de otros.

INTROSPECTIVO

Como regla, los Autores son muy valientes y directos, y, sin embargo, tienden a examinar su corazón y su mente para descubrir si están operando desde una perspectiva sincera y veraz. Son rápidos en admitir cuando están equivocados o han cometido un error; es parte de su naturaleza valiente. Los Autores no tienen problema alguno en disculparse cuando cometen un error, y siempre están dispuestos a asumir la responsabilidad de una mala decisión.

ASERTIVO, DRAMÁTICO

Los Autores defienden sus creencias y los derechos de los demás. Expresan sus opiniones abiertamente. La asertividad es una característica positiva a menos que el péndulo oscile demasiado lejos y la persona se vuelva demasiado agresiva.

Muchas de las características positivas de los Autores los hacen pasarse de dramáticos. Quizá digan cosas impactantes para llamar tu atención; a veces, tal vez hagan algo fuera de lo ordinario para establecer un punto. Esto es un resultado de sus características de valentía, correr riesgos e innovación. Esta tendencia dramática también les hace ser líderes, oradores, vendedores y maestros memorables.

SENSIBLE

Los Autores son personas valientes y directas que hacen que sucedan cosas, pero tienen un lado sensible. Puede parecerse a quitar las capas de una cebolla cuando buscamos el lado cálido de un Autor, pero cuando llegamos a conocer a los Autores, descubrimos que desarrollan relaciones profundas y largas con muchos individuos de todos los ámbitos de la vida.

A menudo, los Autores expresan su sensibilidad con osadía y a veces incluso con lágrimas. Aunque no se muestran abiertamente con frecuencia, los Autores tienen un gran corazón y quieren ayudar o rescatar a otros. Son personas que se interesan, y si ven a otros ir por el camino equivocado o tomar decisiones poco saludables que pueden sabotear sus vidas o su futuro, los Autores se proponen intervenir.

Nota de cautela para quienes hablan el Lenguaje de Vida Autor como su estilo de comunicación preferido: los Autores pueden moverse tan rápidamente que quizá no toman tiempo para ser corteses. Sin darse cuenta, puede que no usen palabras amables como *gracias* y *por favor.* Los Autores pueden trabajar en tomarse el tiempo para ser corteses, y otros que trabajan con Autores pueden decidir no sentirse ofendidos o menospreciados.

NOTAS

Apéndice B

CARACTERÍSTICAS DETALLADAS DE LOS HACEDORES

Atento	Orientado al detalle	Disfruta de servir a otros
Confiable	Leal	Dificultad para decir "no"
Diligente	Finalizador	Ve necesidades inmediatas
Obediente	Disfruta tareas abiertas	Le gusta la rutina
Organizado	Alta energía	Orientado al "ahora"
Puntual	Buen mantenedor	Práctico
Digno de confianza	Útil	Se mantiene ocupado
Toma decisiones rápidas	Trabaja bien tras bastidores	Hace listas
Le gustan metas a corto plazo	Observador	Raras veces se deprime

ATENTO, ORIENTADO AL DETALLE, DILIGENTE

En su forma pura, el Lenguaje de Vida Hacedor presta gran atención a los detalles. Si vas de compras con un Hacedor, observarás que ellos notan cualquier defecto en un producto que podrías estar pensando en comprar. Los otros Lenguajes quizá ni siquiera noten el defecto o pasen tiempo examinando el producto. Los Hacedores son también muy atentos a las necesidades prácticas que los rodean.

Aunque algunos otros estilos de comunicación ven el principio y el fin, los Hacedores ven todos los pasos intermedios necesarios. Mientras que otros podrían inclinarse a saltarse algunos detalles, pensando que son innecesarios, los Hacedores saben que el éxito se alcanza cuidando cada paso a medida que se llega a él.

Meticulosos en su habilidad de organización, a menudo utilizan códigos o etiquetas de colores para casi todo en un proyecto. Los Hacedores tienden a ser ordenados y organizados en sus propias oficinas, hogares, u otros espacios personales. No entienden que otros puedan operar en el caos o el desorden.

Ya que el deseo del Hacedor es "finalizar", raras veces dejan el trabajo o una actividad hasta haber finalizado lo que comenzaron. La diligencia es una de sus características sobresalientes.

CONFIABLE, LEAL

Cuando un Hacedor dice que se ocupará de algo, casi se necesita un acta del Congreso para que él o ella no completen la tarea una vez que la comienzan. Mientras más elevada sea la puntuación de un Hacedor saludable, más confiable será en la mayoría de las áreas de acción práctica.

Los Hacedores son generalmente leales a quienes sirven o pueden ayudar. Cuando ya no los necesitan, su lealtad seguirá ahí, pero su esfuerzo estará dirigido a otros cuyas necesidades inmediatas y prácticas puedan satisfacer.

VE NECESIDADES INMEDIATAS

Los Hacedores muestran su interés por las personas proveyendo servicio práctico. En general, no son buenos en satisfacer necesidades emocionales; por ejemplo, no son propensos a sentarse al lado de alguien en el hospital, agarrar su mano y consolar a esa persona. Pero sin vacilación, los Hacedores se ofrecen a hacer cosas para ayudar. Harán recados, cortarán el pasto de un vecino, o recogerán a un compañero de trabajo para llevarlo al trabajo. Los Hacedores están disponibles para satisfacer la necesidad práctica de los demás.

TIENE DIFICULTAD PARA DECIR "NO"

Como los Hacedores son tan buenos para hacer la mayoría de las cosas, muchas personas les piden ayuda. Son solicitados para entrenar en la liga, para hablar en reuniones rotativas, unirse a un comité, y participar de otras maneras. Los Hacedores pueden comprometerse con demasiadas cosas y agotarse si no se guardan contra ello. Para los Hacedores, aprender a decir "no" es tan importante como saber cuándo decir "sí".

RARAS VECES SE DEPRIME

Cuando alguien está deprimido, una manera estupenda de ayudarlo es alentarlo a levantarse de la cama o del sofá y hacer algo. Debido a su naturaleza práctica, cuando un Hacedor se siente deprimido, automáticamente se levanta, saca su lista de quehaceres y regresa al trabajo.

PUNTUAL

Llegar a tiempo es una parte importante de la vida del Hacedor. Se frustra con las personas que crónicamente llegan tarde a reuniones y citas para almorzar. Parecen tener un reloj interno que les hace mantener el rumbo y ser puntuales.

TOMA DECISIONES RÁPIDAS

Como ven el método práctico y pragmático de hacer las cosas, los Hacedores toman decisiones con bastante rapidez. Gran parte del tiempo son certeros; sin embargo, en ocasiones necesitan reunir más datos antes de comenzar la acción.

METAS A CORTO PLAZO; ORIENTADO AL "AHORA"

Ya que la pasión del Hacedor es finalizar, es importante para él o ella tener metas a corto plazo que puedan comenzar y finalizar en un día, una semana, o una fecha definible que puedan manejar. Las metas a largo plazo deben dividirse en partes más pequeñas.

Los Hacedores operan en el momento presente y les gusta satisfacer las necesidades del "ahora", en lugar de hacer planes mirando al futuro lejano.

DISFRUTAN LAS TAREAS REPETITIVAS, LES GUSTA LA RUTINA

Los Hacedores son buenos con proyectos o actividades prácticas. Son bastante capaces de hacer tareas repetitivas sin aburrirse o cansarse de ellas. Entienden que haciendo tareas repetitivas, mejoran en ellas y pueden hacer más. ¡Les *encanta* hacer cosas!

Además, si tienen un sistema rutinario para lograr cosas que funcionan, no lo cuestionan. La mentalidad del Hacedor es "si no está roto, ¿por qué arreglarlo?".

ALTA ENERGÍA, SE MANTIENE OCUPADO

Los Hacedores son tan automáticos en sus "acciones", que a veces no son conscientes de lo que están haciendo o de cuánto están haciendo. Por ejemplo, puede que recojan basura del piso, alisen un tapiz o cierren la puerta de un armario al pasar frente a ellos.

Tienen energía para la multitarea, y logran muchas cosas. Los Hacedores no están ocupados solo por estarlo. Hay una sensación de logro en su "ocupación".

BUEN MANTENEDOR

A los Autores a menudo les gusta comenzar una tarea, pero no siempre la terminan antes de pasar a otra cosa. Los Hacedores pueden echarles la mano que necesitan para mantener un proyecto o finalizar una tarea.

TRABAJA DESDE LISTAS

Algunas personas con otros estilos de comunicación hacen una lista y después no pueden encontrar la lista, o quizá piensan que pueden recordar todos los artículos que necesitan comprar o las tareas que tienen que hacer, sin una lista. A los Hacedores les encanta hacer una lista e ir tachando puntos a medida que los terminan. Se mantienen organizados y tienen una sensación de logro cuando tachan un punto de su lista.

TRABAJA BIEN TRAS BASTIDORES

Los Hacedores pueden ser líderes estupendos, pero también se sienten cómodos trabajando tras bastidores u ocupando un papel de liderazgo secundario.

A un famoso director de una orquesta sinfónica estupenda le preguntaron qué instrumento consideraba el más difícil de tocar. El director meditó la pregunta por un momento y después dijo: "El violín segundo. Puedo obtener muchos *primeros* violines, pero encontrar a alguien que pueda tocar el segundo y hacerlo con entusiasmo, eso es un problema. Y si no tenemos violines segundos, ¡no tenemos armonía!". Por lo general, los Hacedores están contentos con tocar el violín segundo.

Nota de precaución para quienes hablan Hacedor como su Lenguaje de Vida principal: ten cuidado con decir "sí" a demasiadas invitaciones a servir en comités, demasiados proyectos prácticos, o demasiado de *cualquier cosa*. Es fácil quemarte si no tienes cuidado.

Apéndice C

CARACTERÍSTICAS DETALLADAS DE LOS INFLUYENTES

Relacional	Alentador	Encantador
Creativo	Orientado al futuro	Piensa que todos ganan
Entusiasta	Lógico	Flexible
Positivo	Verbal	Alegre
Extrovertido	Optimista	Divertido
Raras veces deprimido	Persuasivo	Cómodo
Trabaja en red	Tolerante	Diplomático
Toma decisiones rápidas	Ofrece soluciones	Tiene muchos amigos
Innovador	Intuitivo	Inclusivo

PRIMERO SIENTE, DESPUÉS PIENSA

El Lenguaje de Vida Influyente, en su forma pura, tiene dos fortalezas motrices que le hace ser particularmente valioso para cualquier organización. Con su inteligencia sensorial, un Influyente es, a menudo, una persona con la habilidad de relacionarse con las personas, muy creativa, mientras que su inteligencia pensante le da la habilidad de ofrecer consistentemente soluciones intuitivas que, con frecuencia, pueden asombrar a los demás.

Estas dos habilidades dan a los Influyentes la reputación como las personas a quienes acudir en busca de respuestas y soluciones a problemas importantes. Sus habilidades de pensamiento cognitivo y sensibilidad emocional/relacional sorprenderán verdaderamente a quienes los rodean.

RELACIONAL, TRABAJA EN RED

Los Influyentes son generalmente amigables y conectan fácilmente con otras personas de todos los ámbitos. Raras veces conocen a un desconocido que sigue siendo desconocido porque hacen amigos con facilidad.

Y si un Influyente conoce a alguien que le cae bien, querrá presentar a esa persona a otras que también le caen bien. Por naturaleza son trabajadores en red y conectan a personas. La mera alegría de conectar con otros y crear nuevas amistades o relaciones lo es todo para un Influyente.

CREADOR, INNOVADOR

Un Influyente, a menudo, se introduce en el arte, música, decoración, jardinería u otras actividades creativas. Si no es talentoso en ninguna de estas áreas, por lo general sí tiene una apreciación natural por las artes. Disfruta de la creación artística.

Su creatividad también se suma a su habilidad para innovar y buscar soluciones. Si hay un proyecto con problemas y el grupo parece estar estancado, el Influyente bien puede ser quien encuentre una solución, a menudo *fuera del molde*, parecido a los Autores.

ENTUSIASTA, OPTIMISTA, ALENTADOR

Generalmente podemos reconocer a los influyentes debido a sus características positivas y optimistas. Incluso en medio de malas noticias, o de un desastre, encontrarán un aspecto positivo en alguna parte, a pesar de cuantas nubes oscuras aparezcan. Esto puede causar que otros piensen que el Influyente está minimizando el problema; sin embargo, el Influyente sabe que hay dos opciones: ver lo peor o enfocarse en lo mejor. Él o ella escogen la segunda opción.

RARAS VECES SE DEPRIME

Como los Influyentes tienen una actitud tan positiva hacia la vida y una cosmovisión igualmente optimista, raras veces están deprimidos. Cuando –y si alguna vez– se sienten tristes, la conducta o el estado de ánimo no duran mucho tiempo.

Para un Influyente estar deprimido es sencillamente aburrido. Si empieza a sentirse deprimido o bajo de ánimo, emprenderá alguna acción para volver otra vez a una mentalidad positiva, como salir y reunirse con alguien para tomar un café o ver una película. Se levantan, salen ¡y siguen adelante!

PIENSA QUE TODOS GANAN

Los Influyentes quieren que todos ganen. Si están trabajando en un proyecto, una solución, un contrato, o cualquier otra cosa que involucre a otros, instintivamente quieren que sea justo y bueno para cada uno. No quieren que nadie salga perdiendo o sea dejado fuera.

INCLUSIVO, TOLERANTE

Incluso de niños, quienes tienen una alta puntuación en el Lenguaje de Vida Influyente quieren incluir a todos en el juego. No les gusta que otros se sientan apartados, y casi siempre llevan esta actitud positiva a su vida de adultos.

La cita de dos para almorzar fácilmente puede convertirse en siete u ocho personas si el Influyente siente que se ha dejado fuera a alguien. ¡Excluir a personas de un grupo simplemente no es aceptable!

Un Influyente acepta a otros fácilmente y raras veces se molesta por las diferencias de otra persona. Tener una perspectiva de la vida y de las personas tan amplia y positiva da a los Influyentes la habilidad de manejar cómodamente la conducta poco sana de otra persona. Casi siempre encuentran algo bueno en todo el mundo.

DIPLOMÁTICO, ENCANTADOR, CON TACTO

Los Influyentes parecen saber decir la palabra adecuada en el momento correcto. Si les piden inesperadamente que hablen a un grupo, quizá no tienen idea de lo que van a decir en ese momento improvisado, pero a pesar de eso están a la altura de la ocasión, y cuando hablan, normalmente parece que se han pasado semanas preparando su mensaje.

DIVERTIDO, EXTROVERTIDO, ALEGRE

Se puede depender de que un Influyente tenga un gran sentido del humor. Ellos quieren que las personas con las que están se diviertan y lo pasen bien. A la mayoría de las personas les gusta estar cerca de Influyentes debido a su habilidad para establecer relaciones fácilmente y hacer que los demás se sientan cómodos.

FLEXIBLE, TOMA DECISIONES RÁPIDAS

Si un proyecto no está funcionando y el Influyente se da cuenta de que la dirección que está tomando no es buena o es incluso equivocada, cambiará de marcha y probará otra opción. No se ve amenazado por el cambio.

Los Influyentes normalmente escucharán con rapidez y reseñarán opiniones, y después rápidamente sopesarán los datos y tomarán una decisión. Aunque prefieren alcanzar consenso, si no lo hay, son ellos quienes decidirán. Su flexibilidad entra en juego si algo no está bien o es necesario hacer ajustes. Los Influyentes raras veces se quedan atascados.

ORIENTADO AL FUTURO

Los Influyentes son capaces de aprender del pasado y está en su naturaleza pensar hacia adelante y estar orientados al futuro. Como los autores, los Influyentes avanzan con la vida y la abrazan, mirando adelante a lo que aún está por llegar.

Nota de precaución para aquellos cuyo Lenguaje de Vida principal es Influyente: al no querer defraudar a nadie o causar que alguien se sienta desplazado, quizá tiendes a comprometerte en exceso, tanto socialmente como profesionalmente. Da pasos para asegurar que eso no suceda. Aceptar demasiadas cosas finalmente puede causar que cualquiera se queme, no importa cuál sea el estilo de Lenguaje.

NOTAS

Apéndice D

CARACTERÍSTICAS DETALLADAS DE LOS RESPONDEDORES

Tolerante	Verbal	Segundo lenguaje visible
Relacional	Disponible	Fácilmente abraza o da la mano
Se acerca	Compasivo	Protector
Responde físicamente	Muchos amigos, pero pocos cercanos	Le gusta complacer
Pacificador	Creativo	Humilde
Deportista	Sensible	Prefiere amigos individuales
Amable	Le gustan los deportes de contacto	Apoya a los desfavorecidos
Orientado al "ahora"	Le gusta la aprobación	Leal
Sincero	Energía emocional	Lleva cargas

SEGUNDO LENGUAJE VISIBLE

Aquellos cuyo estilo de comunicación principal es Respondedor son, a menudo, transparentes en que su segundo lenguaje puede "salir" libremente y ser visto y oído. Aunque el lenguaje Respondedor está ahí de manera definida y obvia, usualmente el segundo lenguaje se hará bastante visible para otros.

LE GUSTA LA APROBACIÓN

En su forma pura, el Lenguaje de Vida Respondedor tiene una necesidad arraigada de ser aceptado y aprobado. Debido a este rasgo innato, muchos Respondedores prefieren conseguir consenso antes de tomar una decisión final e importante.

ORIENTADO AL "AHORA"

Los Respondedores tienden a vivir en el momento presente, apreciarlo y disfrutarlo. Desean estar plenamente presentes y viviendo en el momento, ¡ahora! Los Respondedores pueden ser sensibles a las necesidades de otros.

TOLERANTE, RELACIONAL

Los Respondedores tienden a aceptar a las personas tal como son y generalmente nunca pretenden cambiarlas o buscar sus debilidades. En raras ocasiones intentan cambiar rasgos inaceptables o hábitos de otros. La aceptación es parte de su carácter positivo y su modo de vida.

Las relaciones son muy importantes para los Respondedores. Hacen que las personas que les rodean se sientan acogidas. Los Respondedores, por lo general, tienen muchos conocidos, pero son selectivos cuando se trata de escoger a sus buenos amigos.

SE ACERCA, COMPASIVO, APASIONADO

Los Respondedores quieren ayudar a individuos que sufren. Tienen el deseo de ayudar a que los problemas y el dolor de otras personas se vayan. Tomarán tiempo para escuchar, y quieren oír lo que hay en las mentes y los corazones de otros. Los Respondedores a menudo protegen, defienden y ayudan a los desfavorecidos.

Los Respondedores son compasivos hacia otros y apasionados con respecto a cosas en las que creen. Son conocidos por poner pasión en todo lo que hacen en su vida y sus relaciones. Son atraídos a empleos, causas o misiones por los que sienten verdadera pasión y en los que creen sinceramente.

PROTECTOR, LEAL

Los Respondedores son protectores de aquellos que les importan y quieren ver que otros que están en posiciones más bajas, tanto profesional como personalmente, sean igualmente protegidos.

Los Respondedores son leales y protectores de sus amigos, familiares, miembros de su equipo y sus departamentos, ya sean supervisores o empleados. Mostrar una naturaleza protectora no es un rasgo de liderazgo inusual para un Respondedor. Los Respondedores quieren y esperan estar seguros en el conocimiento de que ellos mismos, u otros, están siendo tratados justamente.

AMABLE, PERO FUERTE

Se necesita mucha fortaleza para ser amable. Cualquiera puede ser un bravucón, lo cual es un signo de debilidad. La capacidad de ser lo bastante fuerte para ser un buen líder, a la vez de tener un toque amable y astuto, es una cualidad innata del Lenguaje de Vida Respondedor.

HUMILDE

Los Respondedores saludables tienden a ser humildes. Darán al equipo o grupo al que supervisan, tantos elogios como los que ellos mismos reciben. Ellos "lo transmiten".

SENSIBLE, VULNERABLE

Los Respondedores son sensibles personalmente y pueden resultar heridos fácilmente, pero también son sensibles al sufrimiento de otras personas. Es importante para los Respondedores guardar sus propios corazones. Pueden escuchar y mostrar interés, pero deben tener cuidado de no tomar inadvertidamente como algo personal la ofensa y el trato de otro.

Como los Respondedores se interesan y sienten tan profundamente, también pueden ser heridos más profundamente que cualquier otro de los Lenguajes de Vida. Son los más vulnerables al dolor emocional porque sus corazones casi siempre están abiertos a otros.

SINCERO, DISPONIBLE

Cuando los Respondedores muestran compasión o humildad, lo hacen con gran sinceridad. Sale de su corazón y su mente porque sienten profundamente.

Los Respondedores hacen saber a sus amigos, familiares y compañeros de trabajo que están disponibles, o cuándo lo estarán. A veces, el acto de estar disponible es una gran bendición para otros, sin embargo, puede ser un problema para un Respondedor, ya que tiende a poner las necesidades de los demás por delante de sus propias necesidades y de anteriores compromisos o planes.

RESPONDE, LE GUSTA COMPLACER

Los Respondedores son generalmente muy expresivos verbalmente. También les gusta responder físicamente en una conversación, con gestos de acuerdo o desacuerdo sobre un tema en particular, asintiendo o meneando negativamente la cabeza. En un grupo, les gusta agradar a otros y mantener la paz. A menudo intentan mantener el conflicto fuera de su entorno laboral o su hogar, operando como pacificadores.

De los 7 Lenguajes de Vida, los Respondedores tienden a demostrar el mayor amor. Las personas que hablan los otros estilos de comunicación realmente aman igualmente, pero los Respondedores lo hacen más abierta y libremente.

DA APRETONES DE MANOS, DA ABRAZOS

Los Respondedores normalmente afirman físicamente a los demás, mostrando su calidez e interés con un abrazo, una palmadita en la espalda, u otra muestra de afecto. Necesitan ser cautos cuando se acercan demasiado al espacio personal de otra persona, porque tales gestos físicos podrían malinterpretarse.

CREATIVO

Los Respondedores, como los Influyentes, tienden a ser musicales, artísticos y creativos. Quizá les gusta la cocina, la jardinería o la decoración, y tienen aprecio por las artes.

DEPORTISTA, TIENE ENERGÍA EMOCIONAL

A menudo los Respondedores participan en deportes de contacto. Esto sorprende a muchos que consideran a los Respondedores individuos creativos y sensibles. Pero se necesita energía para competir en los deportes, y sus emociones podrían describirse como *energía en movimiento*. Un empleado Respondedor normalmente trabajará de manera incansable para su equipo o departamento.

Nota de precaución para aquellos cuyo Lenguaje de Vida principal es Respondedor: debido a tu sensibilidad, debes intentar no interiorizar o asimilar el dolor o los problemas de otras personas. No te deprimas cuando ellos compartan contigo sus cargas. Protege tus propios sentimientos.

NOTAS

Apéndice E

CARACTERÍSTICAS DETALLADAS DE LOS MOLDEADORES

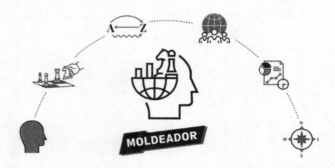

Organizado y eficaz	Le gusta planificar	Persigue la excelencia
Fija metas a largo plazo	Resistencia	Visionario
Responsable	Líder por naturaleza	Tolerante
Delegador	Orientado al futuro	Desarrolla a otros
Exitoso	Comunica ideas, planes	Busca resultados
Decidido y enfocado	Aprende del pasado	Decidido
Usa tablas, gráficas, listas	Discreto	Valora la apariencia
Espera preparación	Imperioso	No le gusta la charla trivial
Vigila los resultados	Acepta el cambio	Podría ser adicto al trabajo

PLANIFICADOR ORGANIZADO Y EFICAZ

En su forma pura, el Lenguaje de Vida Moldeador siempre se mantiene involucrado en cualquier proyecto o meta de la compañía, desde su inicio, en la ejecución y hasta su conclusión final. En algunos casos, los Moldeadores continuarán con su implicación en un proyecto y, si es necesario, proveerán seguimientos o ajustes adecuados al producto o plan entregado.

La habilidad de crear planes a largo plazo es una capacidad que muchos Moldeadores desarrollaron a temprana edad. No es inusual que un joven Moldeador en la secundaria sepa ya exactamente lo que quiere hacer después. Sus planes a largo plazo pueden incluir a cuál universidad quiere ir, o dónde quiere estudiar el posgrado.

Los Moldeadores son ambiciosos en cuanto a saber lo que quieren y cómo hacer planes exitosos para llegar hasta ahí. Fijar más metas futuras y a largo plazo que pueden estar a años de distancia, es parte de su proceso mental de pensamiento y cómo piensan por rutina.

Los Moldeadores también demuestran resistencia. Están en el juego para mucho tiempo. Los Moldeadores tienen paciencia para sus planes.

VISIONARIO

Como los Autores, los Moldeadores son visionarios. Cuando un Moldeador está organizando o produciendo algo, tiene la habilidad de ver los pasos de acción necesarios desde la A hasta la Z, desde el principio hasta el fin. Esta habilidad visionaria es apoyada por su capacidad de planear y fijar metas, tanto a corto plazo como a largo plazo.

LÍDER INNATO

Los Moldeadores muchas veces ni siquiera intentan pasar a una posición de liderazgo. Sus dones parecen hacerles avanzar, y a veces los empujan hacia un papel de liderazgo. Algunas veces se crea un puesto de liderazgo para ellos. Parecen estar a la altura de la ocasión y, cuando lo hacen, generalmente están bien preparados mental y emocionalmente para manejarlo.

DELEGA, DESARROLLA A OTROS

De forma natural, los Moldeadores delegan partes de una tarea a otras personas. Entonces administran y supervisan con atención para asegurarse de que todos los elementos del trabajo se estén realizando correctamente. Tras delegar tareas de trabajo, siguen comprobando el progreso de la tarea.

Los Moldeadores son, generalmente, buenos en desarrollar a otros. Cuando delegan una parte de una tarea a un compañero de trabajo y los resultados los impresionan, no es inusual que intervengan y ayuden a desarrollar a esa persona para que ascienda en su carrera profesional y su vida.

DECIDIDO, ENFOCADO

Los Moldeadores se mantienen enfocados en la meta de entregar a tiempo un producto de calidad. Manejan de manera organizada y prioritaria cualquier necesidad, actividad o problema personal o profesional que surja. La mentalidad principal del Moldeador es mantenerse enfocado en las metas del plan, y permanecerá firme durante el proceso.

DECISIVO, DISCRETO

Los Moldeadores no pasan mucho tiempo cuestionando sus decisiones. Si una decisión resulta ser equivocada, harán las correcciones y los cambios necesarios o ajustarán el rumbo. Antes de "desenchufarse" de cualquier proyecto, sopesarán cuidadosamente todos los datos para ver lo que se puede utilizar en otra área.

Se puede contar con que un Moldeador será discreto. Ellos parecen entender intuitivamente lo que hay que mantener para uno mismo y en privado, y lo que hay que compartir con otros.

ESPERA ORDEN, EXCELENCIA

Los Moldeadores generalmente están bien preparados y esperan que otros compartan esa característica. Si tienes planeada una reunión con un Moldeador, lleva tus ideas, datos, papeles, tablas y gráficas, tu debida diligencia para apoyar tus ideas, y presenta tu caso de manera directa y organizada. Los Moldeadores quieren saber que el trabajo que estás a punto de presentar significa mucho esfuerzo y pensamiento serios, que no es un brote de la idea momentánea.

Los Moldeadores buscan la excelencia en su trabajo y en el hogar, y aprecian a otros que hacen lo mismo.

Los Moldeadores no creen normalmente en el cambio sin datos e investigación para respaldar un plan que justifique un cambio importante. Si tu plan no está bien pensado y documentado con datos, no es probable que impresione a un Moldeador; pero si tu plan tiene mérito y estás convencido de que producirá éxito y mejora en la organización, ten la seguridad de que un Moldeador estará listo y dispuesto a respaldarlo.

VIGILA LOS RESULTADOS

Los Moldeadores tienen una consciencia de beneficio de la inversión y de vigilar los resultados. Saben lo que se necesita para hacer exitoso un negocio y mantenerlo así.

RESPONSABLE, TOLERANTE

Los Moldeadores entienden la responsabilidad y no les tienen miedo a las demandas que requiere el liderazgo. Honrar los compromisos es parte del ADN de un Moldeador.

Es interesante que los Moldeadores tolerarán a alguien que no necesariamente les caiga bien, si esa persona puede realizar el trabajo.

ORIENTADO AL FUTURO

Los Moldeadores aceptan el futuro y, si no tienen cuidado, pueden tender a descuidar el presente. Sin embargo, es así como logran tantas cosas: viendo cómo crear planes que sean de largo alcance, con controles y pautas que no solo ayudarán al éxito diario de la empresa, sino también a su éxito en el futuro.

APRENDE DEL PASADO

Los Moldeadores son, generalmente, muy buenos para estudiar y aprender de éxitos y fracasos pasados, y para utilizar ese conocimiento y experiencia para construir hacia un futuro mejor.

EXITOSO, VALORA LAS "APARIENCIAS"

Los Moldeadores están tan orientados al éxito que normalmente no aceptan menos que el primer lugar. Todos sus planes y enfoque están dirigidos hacia producir excelencia y éxito. Los Moldeadores buscan y esperan resultados.

Los Moldeadores generalmente entienden el concepto de vestirse para el éxito. Creen que parte de ser exitoso es lucir exitoso y llevar ropa apropiada.

VALORA EL TIEMPO

Los Moldeadores parecen entender que *tiempo es dinero* y, por lo tanto, no les gusta desperdiciarlo. Si tienes una relación de trabajo con un Moldeador, sé consciente de cómo sienten los Moldeadores con respecto al tiempo y cómo usarlo apropiadamente.

Nota de precaución para quienes tienen Moldeador como su Lenguaje de Vida principal: sé consciente de la tendencia a convertirte en adicto al trabajo. Debido a tu búsqueda continua de la excelencia, tu buena habilidad para el enfoque y tu deseo, casi a toda costa, de tener éxito, podrías perder de vista fácilmente —e incluso olvidarte— de las necesidades de tu familia y tu propia salud personal.

NOTAS

Apéndice F

CARACTERÍSTICAS DETALLADAS DE LOS PRODUCTORES

Individuos integrales	Responsable	Persigue la excelencia
Toma decisiones fácilmente	Orientado al crecimiento personal	Estable
Suficiente	Bueno con la acción	Hospitalario
Abundancia	Cortés	A menudo buen comunicador
Hace regalos bien pensados	Acogedor	Cognitivamente generoso
Sentimentalmente atento	Balanceado	Preparado con recursos
Amable	Buen administrador del dinero	Micro administrador
Ahorrativo	Busca calidad	Busca ahorros
Habilidoso	Buenas habilidades sociales	Muestra vitalidad

INTEGRAL, BALANCEADO

El Lenguaje de Vida Productor, en su forma pura, parece ser consistentemente el más integral de todos los estilos de comunicación. Las cualidades de carácter del Productor parecen solaparse, sosteniéndose unas a otras y haciéndolos más fuertes.

Los Productores están en la categoría de inteligencia cognitiva, pero no es inusual para ellos apoyarse en los Lenguajes de inteligencia cinética/acción o en los Lenguajes de inteligencia emotiva. Los productores pueden parecer emotivos y, sin embargo, pueden emplear la acción en lo que necesiten. En cierto sentido, entonces, los Productores pueden cubrir las tres categorías de inteligencia. Son muy capaces y cercanos.

Debido a su tendencia natural a ser adecuados y profesionales, los Productores son normalmente diplomáticos y tienen tacto. Esto es parte de su rasgo de ser integrales.

TOMA DECISIONES FÁCILMENTE

Tras considerar datos y situaciones, los Productores toman decisiones fácilmente. Tienden a poseer gran sabiduría e intuición.

SUFICIENCIA, ABUNDANCIA

Sin importar cuáles sean sus ingresos, los Productores parecen operar desde una posición de suficiencia y, a menudo, de abundancia. Investigan, buscan y encuentran las mejores ofertas, los mejores tratos, y los productos de más alta calidad, normalmente a precios excepcionales.

HACE REGALOS BIEN PENSADOS

Los Productores parecen aprender y recordar lo que una persona prefiere o le gusta. Compran y hacen regalos de calidad, no necesariamente los regalos más caros, sino los *más apropiados*. Los Productores también guardan regalos (en un lugar especial) que serán apropiados para muchas personas, de modo que los regalos están ahí, a la espera de que llegue el momento correcto para entregarlos. Esto es parte de la habilidad del Productor de ser considerado y generoso. Los Productores son también bastante considerados con notas y tarjetas de agradecimiento.

Son básicamente filantrópicos, pero no dan para cada necesidad o cada persona sin techo que esté pidiendo. En cambio, los Productores estudian primero la necesidad o situación, y entonces puede que esperen y hagan un regalo importante a una causa que sienten que muestra una buena administración y uso adecuado de sus fondos.

BUENO CON EL DINERO Y LOS RECURSOS

Para asombro de la mayoría de las personas que los conocen, los Productores parecen estar siempre preparados para absolutamente todas las situaciones. Para este Lenguaje de Vida, la preparación es un modo natural y esperado de vivir y hacer negocios.

Los Productores son, por naturaleza, diestros con el dinero y los recursos. A menudo ganan importantes ingresos en toda su vida y, por lo general, se jubilan con seguridad y dignidad financiera. Incluso si no llegan a adquirir gran riqueza, generalmente usan su dinero sabiamente y con eficacia.

Son habilidosos, y siempre encuentran las mejores maneras de usar productos, dinero y situaciones. Los Productores siempre buscan ahorros y buenas ofertas. Como son cuidadosos con cómo gastan el dinero en el trabajo y en el hogar, no tienen ningún problema al buscar productos de calidad que tengan valor duradero. A los Productores les gusta dar dirección sobre dónde va el dinero, en lugar de rastrear dónde ha ido.

HOSPITALARIO, RARAS VECES SE DEPRIME

Si un Productor sabe que visitarás su casa o su oficina, te dará la bienvenida con los brazos abiertos, haciéndote sentir como si se hubiera estado preparando para tu visita durante semanas, no minutos. Incluso si le haces una visita sorpresa, no le agarrarás fuera de guardia y estará feliz de verte, listo para ofrecerte un aperitivo y asegurarse de que te sientas cómodo.

El Dr. Karl Menninger, psiquiatra, dijo una vez: "Las personas que son generosas y agradecidas, raras veces —si es que les pasa alguna vez— están deprimidas". Los Productores son generosos y agradecidos, de modo que la depresión raras veces es una parte de su vida.

BUENO PARA MANEJAR PERSONAS

Como los Productores son tan amables, hospitalarios y acogedores, hacen que otros se sientan especiales y valorados. A las personas les gusta estar en presencia de Productores, de modo que son muy buenos para manejar a las personas. Sin embargo, prefieren limitar la cantidad de individuos a los que manejan cada vez; prefieren tener a un puñado de gerentes ayudantes que supervisen a las personas que tienen a su cargo.

Nota de precaución para aquellos cuyo Lenguaje de Vida principal es Productor: asegúrate de no hacer ningún regalo que conlleve "compromisos". Cada regalo que haces debe hacerse libremente, desde el corazón, sin esperar nada a cambio.

NOTAS

Apéndice G

CARACTERÍSTICAS DETALLADAS DE LOS CONTEMPLADORES

Cauto	Pensador complejo	Necesita tiempo a solas
Busca contentamiento	Tranquilo	No es fácilmente controlado
Muestra deferencia	Privado	Pensador profundo
Determinado	Tiene límites bien definidos	Valida la verdad
Leal	Guarda su tiempo	Investiga hechos
Visiblemente insensible	Inusual sentido del humor	Piensa antes de hablar
Le disgusta el cambio	Verbal cuando le interesa	Coeficiente Intelectual más alto
No muy sensible	Calmado	Evita el conflicto
Necesita espacio privado	Cómodo con el silencio	Filosófico y estudioso
Tiene muchos intereses	Aprendiz de por vida	Analítico

CAUTO, LE DISGUSTA EL CAMBIO

En su forma pura, el Lenguaje de Vida Contemplador básicamente es cauto y resistente al cambio. Los Contempladores también tienden a moverse o ajustarse a nuevas actividades en cierto modo, lentamente. Cuando se establecen en un patrón y están cómodos y contentos, los Contempladores a menudo no ven necesidad de cambio, así que inicialmente se resisten a él hasta que están verdaderamente convencidos de la necesidad.

Positivos por naturaleza, los Contempladores se resisten al cambio solamente porque en su mente muy analítica pensarán con frecuencia: "¿Por qué reinventar la rueda?" o "Si no está roto, no hay que arreglarlo".

COMPLEJO

Como piensan tan profundamente y son tan inteligentes, puede parecer difícil comunicarse con los Contempladores. Acceder mentalmente a todos sus pensamientos, sentimientos y experiencias, y después ordenarlos, hace que generalmente un Contemplador hable o responda a una pregunta con bastante lentitud. Eso no es deliberado, pero el tiempo de reacción lento puede hacer que quienes están escuchando y esperando una respuesta tengan fácilmente la sensación de que el Contemplador no está interesado, no le importa, o incluso evita la pregunta, como si no conociera la respuesta. Generalmente, lo cierto es lo contrario.

CALLADO... O HABLADOR

Los Contempladores se sienten cómodos con el silencio o una atmósfera tranquila. Otros Lenguajes de Vida parecen querer llenar el silencio con charla, televisión, música o cualquier otra cosa. Sin embargo, cuando los Contempladores hablan de algo que les interesa o por lo que sienten pasión, *hablarán y hablarán*, dándonos más información de la que necesitaremos. Por lo general son muy verbales cuando es algo en lo que están interesados.

FILOSÓFICO, MUCHOS INTERESES

Los Contempladores entienden muchas teorías, y la profundidad de su conocimiento y sabiduría puede ser abrumadora. Esto puede causar algunas discusiones muy profundas, llenas de muchos lados y puntos de vista diferentes sobre cualquier tema. Los Contempladores pueden estar muy informados y, en ocasiones, ser muy entretenidos, ofreciendo al oyente que no lo espera una experiencia de aprendizaje maravillosa y provocadora.

Muchos Contempladores tienen tantos intereses que puede resultarles difícil establecerse en una senda profesional firme y sólida; pero cuando lo hacen, tienen lo que se necesita para remontarse hacia el éxito. Los Contempladores a menudo tienen habilidades musicales, y pueden hablar varios lenguajes culturales.

PRIVADO, NECESITA ESPACIO PRIVADO

Con frecuencia, el hombre Contemplador tiene barba, lo cual puede ser indicador de su deseo de privacidad y también de hacer sus propias cosas. Solo quienes se toman el tiempo de llegar a conocer realmente a un compañero de trabajo o amigo Contemplador sabrán lo que sucede en el interior de su mente. Un Contemplador no tiene tendencia natural a compartir libremente con los demás sus sentimientos y pensamientos profundos y complejos.

Ocasionalmente, también necesitan su propio espacio. En general, no se sienten demasiado cómodos con el hecho de que conocidos, compañeros de trabajo, o incluso personas cercanas invadan su espacio con demasiada frecuencia. Es mejor que el Contemplador te invite a su oficina, que simplemente entrar y sentarte allí.

EVITA EL CONFLICTO, AMA LA PAZ

Como todos los demás, los Contempladores pueden llegar al límite y alcanzar su máximo nivel de irritación, frustración o enojo. En su mayor parte, los Contempladores intentan evitar el conflicto y con frecuencia huirán literalmente de él. Vivir o trabajar en un entorno que está lleno de conflicto es perjudicial para su paz y su salud mental. Quienes tienen Contemplador como su Lenguaje de Vida principal no son necesariamente pacificadores, pero desean fuertemente paz personal y puede que abandonen una situación para obtenerla.

SENSIBLE PERSONALMENTE

Los Contempladores no están especialmente en sintonía con cómo sus acciones e idiosincrasias personales podrían ofender a otros, pero su constitución les hace ser sensibles personalmente. Pueden interiorizar rápidamente desaires, heridas, ofensas y gestos insensibles hechos hacia ellos.

Puedes herir los sentimientos de un Contemplador y ni siquiera saberlo porque su expresión facial no lo mostrará.

Quizá se aferran a un problema específico durante días o meses, y entonces un día te dicen algo que les está molestando con respecto a algo que tú dijiste o hiciste. Si te das cuenta de que has herido u ofendido a un Contemplador, abórdalo inmediatamente e intenta corregir la situación.

FIJA LÍMITES, GUARDA SU TIEMPO

Los Contempladores pueden llegar tarde o planear ir a alguna parte y después, en el último momento, se involucran en otra cosa y se olvidan de llegar. O quizá te llamen para hacerte saber que no llegarán. Los Contempladores se toman en serio guardar su propio tiempo y espacio personal, e igualmente tener límites bien definidos.

No todo el mundo está invitado a su espacio o llega a participar en sus pensamientos y sentimientos. Aunque es normal sentirse desairado y molesto cuando un Contemplador no llega a una reunión o cita personal, deberíamos intentar no sentirnos heridos o enojados. Los Contempladores simplemente marchan a un ritmo diferente.

NO ES FÁCILMENTE CONTROLADO

Los Contempladores pueden ser empleados excelentes y aportarán un desempeño profundo y excepcional a cualquier equipo. Están contentos de seguir a un líder o ser el líder de una tarea, lo cual hacen con bastante eficacia. No son fácilmente controlados, manipulados o intimidados.

Es fácil razonar con los Contempladores y confiar en ellos. Seguirán los planes o normas de una organización, pero quizá tomen una ruta distinta para llegar hasta ahí.

De niños y de adultos, los Contempladores no son propensos a la presión de grupo o a seguir a la multitud "popular".

SENTIDO DEL HUMOR INUSUAL

Los Contempladores pueden ser tan astutos que quizá a otros les tome un día o dos captar el significado o la intención de sus bromas. A veces, el humor de Albert Einstein parecía rebosar de su interior. En una carta en noviembre de 1901 a su futura esposa, Mileva Maric, él escribió: "La nueva habitación es muy acogedora, aunque su única decoración está formada por mí mismo y la querida pantalla roja".

La carta de Einstein en mayo de 1905 a un buen amigo, Conrad Habicht, incluía esta breve queja:

Entonces, en qué andas ahora, tú, ballena congelada, pedazo de alma enlatada, ahumada y seca, o cualquier otra cosa que me gustaría lanzarte a la cara, ¡lleno como estoy de un 70 % de enojo y un 30 % de lástima! Solo tienes ese 30 % para agradecerme por no haberte enviado una lata de cebollas picadas y ajo después de que no aparecieras en Semana Santa.

LEAL

Los Contempladores son leales al pasado y al presente. Si alguien es alguna vez amigo de él o ella, generalmente siempre lo considerará un verdadero amigo, incluso si no han tenido contacto en años. Tiempo, distancia o falta de contacto no afecta la lealtad o los sentimientos de un Contemplador.

ESTUDIOSO, APRENDIZ DE POR VIDA

Los Contempladores parece que no se cansan nunca de aprender. Esto les mantiene activos, al día, y normalmente muy informados acerca de numerosos temas. Obtienen una gran satisfacción del estudio, el razonamiento, el análisis, y continuar con el proceso de aprendizaje durante toda su vida.

Nota de precaución para aquellos cuyo Lenguaje de Vida principal es Contemplador: mantente conectado con otros iniciando conversaciones con ellos, compartiendo tus pensamientos y descubrimientos. Busca maneras de reconocer también los sentimientos de ellos. Haz que sea una relación de dos direcciones.

NOTAS

ACERCA DE LOS AUTORES

Fred y **Anna Kendall** son conocidos nacional e internacionalmente como expertos en comunicación y relaciones. Han ofrecido su consejo experto como anfitriones o invitados en entrevistas en más de ochocientos programas de televisión y radio, entre los que se incluyen *Dr. Phil* y *Good Morning America*. Su interés en ayudar a las personas a entenderse a sí mismas y a los demás fue el catalizador para crear, desarrollar y perfeccionar un original sistema de comunicación conocido como los 7 Lenguajes de Vida. También desarrollaron el Perfil Kendall de los Lenguajes de Vida (KLLP), un instrumento de medición excepcional que determina la fluidez de la persona en los siete estilos distintos de comunicación. Este producto fundamental es a la vez diagnóstico y prescriptivo, y proporciona un autodescubrimiento profundo y positivo que da como resultado la comunicación centrada en el carácter.

El trasfondo ecléctico de Fred incluye posiciones como consejero y asesor en libertad provisional juvenil, gerente de área y división de empresas de comunicaciones electrónicas, gerente hospitalario, y copropietario de tres programas en hospitales psiquiátricos y diecisiete centros de día llamados LifeCare, ubicados en Fort Worth, (Texas), Albuquerque, Nuevo México y Newport Beach (California). Ha trabajado en consejos asesores y juntas directivas para varias organizaciones.

Anna fue la publicista y asistente ejecutiva personal de Mary Kay Ash, fundadora de Mary Kay Cosmetics, Inc., llegando a ser finalmente directora internacional. Fue copresentadora del programa nacional radial de entrevistas *Point of View*, y también de sus propios programas: *The Christian Home* y *Love Restores*. Anna también presentó *LifeCare*, un programa televisivo nacional de entrevistas sobre problemas emocionales, relacionales y profesionales, el mismo que fue distribuido en redes y estaciones independientes.

Con la educación y experiencia de Fred en ciencias militares, psicología, psicometría y negocios, combinados con el extenso trasfondo de Anna en relaciones públicas, mercadeo, publicidad y comunicaciones, los Kendall formaron el Instituto de los Lenguajes de Vida, Inc., en 1995.

Para más información, visita www.lifelanguages.com.

PARA TOMAR EL TEST DE LOS LENGUAJES DE VIDA, POR FAVOR, VISITA:

HTTPS://WWW.LIFELANGUAGES.COM/PROMO/
COMMUNICATIONIQ

O ESCANEA ESTE CÓDIGO:

PARA EL PERFIL KENDALL DE LOS LENGUAJES DE VIDA (KLLP), POR FAVOR, VISITA:

WWW.LIFELANGUAGES.COM

NOTAS

NOTAS

NOTAS